Geraldine Gregory

Animais de estimação – Guia do
DÁLMATA

Tradução de
Miguel Cabrera

Nobel

Publicado originalmente sob o título
Pet owner's guide to the dalmatian
© 1994 Ringpress Books Limited
© 1999 Livraria Nobel S.A.

Direitos desta edição reservados à
Livraria Nobel S.A.
Rua da Balsa, 559 — 02910-000 — São Paulo, SP
Fone: (11) 3933-2800 — Fax: (11) 3931-3988
e-mail: ednobel@livrarianobel.com.br
internet: www.livrarianobel.com.br

Coordenação editorial: Mirna Gleich
Assistência editorial: Maria Elisa Bifano
Revisão técnica: Regina Colonéri (criadora)
Revisão: Marta Tasso e Maria Aparecida Amaral
Produção gráfica: Mirian Cunha
Fotos de capa e miolo: Carol Ann Johnson; Russell Five Art (p. 4);
A. Bale-Stock (pp. 8, 56, 80)
Composição: CompLaser Studio Gráfico
Impressão: Book-Builders Ltd., Hong Kong

Dados Internacionais de Catalogação na Publicação (CIP)
(Câmara Brasileira do Livro, SP, Brasil)

Gregory, Geraldine
   Animais de estimação — Guia do dálmata / Geraldine Gregory; [tradução Miguel Cabrera]. — São Paulo: Nobel, 1999.

   Título original: Pet owner's guide to the dalmatian.
   ISBN 85-213-1080-3

   1. Dálmatas (Cães) 2. Dálmatas (Cães) — Criação 3. Dálmatas (Cães) — Cuidados I. Título.

99-1560   CDD-636.72

Índices para catálogo sistemático:
1. Dálmatas : Criação   636.72
2. Dálmatas : Zootecnia 636.72

É PROIBIDA A REPRODUÇÃO

Nenhuma parte desta obra poderá ser reproduzida, copiada, transcrita ou mesmo transmitida por meios eletrônicos ou gravações, sem a permissão, por escrito, do editor. Os infratores serão punidos pela Lei nº 9.610/98.

Impresso em Hong Kong / *Printed in Hong Kong*

Sumário

Capítulo um: A CRIAÇÃO DE DÁLMATAS   **6**
Origem. Cães de caça. Cães de carruagem. Publicidade e cinema. Características. Possuindo um dálmata. Encontrando um criador. Macho ou fêmea? Dois filhotes?

Capítulo dois: ESCOLHENDO UM DÁLMATA   **13**
Visitando um criador. Avaliando a ninhada. A escolha certa. Advertência. Dando um nome ao filhote. Preparações. Alojamento. Camas e cercados. A coberta. Tigelas. Brinquedos. O veterinário.

Capítulo três: CUIDANDO DO SEU FILHOTE   **21**
Trazendo o seu filhote. Chegando em casa. Apresentando a família. A primeira refeição. A primeira noite. As crianças e os dálmatas. As primeiras semanas (Alimentação; Desde o desmame até 16 semanas; De 4 a 6 meses; A partir de 6 meses). Treinamento em casa. Vacinações. Socialização. Exercícios.

Capítulo quatro: COMO CUIDAR DO ADULTO   **33**
Dieta. *Grooming*. Banho. Dentes. Os pés e as unhas. Exercícios. Viagens de carro. O cão velho. Eutanásia.

Capítulo cinco: TREINANDO SEU DÁLMATA   **41**
As primeiras lições. Ensinando bons modos (Mordendo; Roendo; Subindo nas poltronas; Comportamento anti-social; Pedindo comida; A quem pertence; Pulando; Recompensas). Treinamento básico ("Vem"; "Senta"; "Fica"; "Deita"; "Junto"; Saindo a passeio; O passeio sem a guia). O dálmata versátil (*Agility*; Obediência; Cães para terapia).

Capítulo seis: A EXPOSIÇÃO   **54**
O dálmata de exposição. Padrão da CBKC. Potencial para a exposição. A preparação para a exposição. Na pista. Fazendo o melhor pelo seu cão. Juízes.

Capítulo sete: CRIANDO DÁLMATAS   **65**
Responsabilidades (Machos; Fêmeas; A fêmea no cio; Escolhendo um macho; Herança da cor; O acasalamento; A cadela prenhe). O parto (Início do trabalho de parto; O nascimento; O pós-parto). Cuidados com a cadela e com os filhotes (Alimentação; Avaliando sua ninhada; Detectando a surdez; A venda dos filhotes).

Capítulo oito: CUIDADOS COM A SAÚDE   **77**
Cuidados gerais (Enjôo e diarréia; Pulgas; Timpanismo; Vacinações; Vermes). Quando consultar o veterinário. Problemas hereditários (Câncer; Displasia coxofemoral; Entrópio; Problemas de pele; Problemas renais e no trato urinário; Surdez). Conclusão.

As lindas manchas e a personalidade jovial do dálmata tornam esta raça uma das favoritas entre os amantes de animais.

Sobre a autora

Geraldine Gregory criou, expôs e julgou dálmatas durante quase 30 anos, e teve um grande sucesso com sua marca Spotarton. Criou diversos campeões, com manchas pretas e fígado, e conseguiu sempre que sua criação se destacasse no típico temperamento brincalhão e extrovertido, próprio da raça.

Os cães de Geraldine estão sempre muito bem cuidados, e ela passou para a história da criação quando um de seus campeões se classificou para o prêmio nacional Veteran Stakes durante cinco anos consecutivos. Na última ocasião, esse macho esteve acompanhado de seu filho e filha campeões. Geraldine é juíza internacional, e fez parte do comitê do Dalmatian Club do Norte da Inglaterra.

Capítulo um
A criação de dálmatas

Origem

O "cão manchado" existe há muito tempo embora não se saiba exatamente a época. Há dois milênios foi desenhado nas tumbas dos egípcios. Recebeu diversos nomes ao longo do tempo. Em *Histoire naturelle,* de Buffon, era citado como o "braque de bengale", uma espécie de cão de caça. Nos registros da invasão da Escócia pelos vikings, aparece um pequeno cão dinamarquês, sugerindo que era uma versão reduzida do dogue alemão arlequim.

Presume-se que a raça surgiu na Dalmácia, na parte oriental da costa adriática. A primeira referência à raça com o nome de dálmata está na obra *Synopsis of quadrupeds,* de Thomas Pennant (1771).

Cães de caça

O dálmata foi utilizado de diversas maneiras. Os primeiros cães manchados eram considerados como cães de caça. Os ciganos nômades, atraídos pela aparência incomum da raça, incorporaram-nos em atividades circenses.

Cães de carruagem

Foi no papel de cão de carruagem que o dálmata se tornou mais conhecido. Os dálmatas costumavam correr ao lado das carruagens dos nobres cuidando dos cavalos e de seus ocupantes. Se a viagem avançasse noite adentro, passavam a noite nos estábulos cuidando dos cavalos.

Além de guardiães, eram apreciados por serem exóticos. Cães manchados correndo atrás da carruagem da família conferiam status. Uma escultura em madeira de Thomas Bewick (1790) mostra o dálmata como um cão de carruagem; há vários outros trabalhos a partir de 1800 mostrando a raça nessa função.

Quando as carruagens puxadas por cavalos diminuíram, também diminuiu o trabalho do dálmata. Em muitos lugares da América, foi adotado como mascote dos bombeiros, de novo correndo junto a veículos puxados por cavalos e, posteriormente, acompanhando o maquinista, quando foi introduzido o motor de combustão interna.

Atualmente, o dálmata é essencialmente um animal doméstico, disposto a se adaptar a diversos modos de vida, mas sempre mais feliz quando está com os humanos.

Publicidade e cinema

Exótico e aristocrático, o dálmata foi muito requisitado para campanhas publicitárias e filmes. É imensa a lista de produtos que o dálmata anunciou — de tijolos e bancos a alimentos, roupas e jóias. O dálmata figura bem em trabalhos fotográficos, sozinho ou com modelo.

A indústria cinematográfica também utilizou o dálmata, especialmente em filmes de época, onde aparece no papel de cão de carruagem. Mas o filme que melhor descreve a raça é o *101 Dálmatas*, de Walt Disney, baseado em livro de Dodie Smith, que foi criador desta raça, e membro do British Dalmatian Club durante anos. O filme é envolvente e passa a impressão de que as pessoas que deram animação a ele devem ter gasto muitas horas estudando a raça, pois reproduzem suas expressões e costumes de um modo extremamente realista.

Características

O dálmata é um cão lindo, com belas manchas pretas ou fígado sobre fundo bem branco. Normalmente é extrovertido e amigável. Embora não costume ser irritadiço ou agressivo, é perfeitamente capaz de defender ou proteger sua família e seu lar.

É um companheiro muito leal e retribui todo o amor que você puder lhe dar. Gosta da companhia humana e adora fazer parte da família. É cheio de vida e divertido, mas também capaz de se adaptar a estilos de vida tranqüilos.

Embora não seja a raça de mais fácil adestramento, pode se treiná-la para muitas tarefas, até para se adaptar novamente à sua antiga função de caça. É uma raça inteligente, que geralmente se sai bem em situações novas.

A raça gosta de exercícios. Na verdade, é difícil cansar um dálmata adulto. Isso se deve à sua origem: de um cão de carruagem se espera que viaje de 20 a 30 quilômetros por dia, todos os dias, acompanhando os cavalos. Entretanto, o dálmata gosta também de conforto e logo estará exigindo seu lugarzinho diante da lareira para dar um cochilo.

O dálmata pode ser muito teimoso. É preciso muita paciência durante o treinamento, e pulso firme enquanto ele é jovem, especialmente com o macho adolescente (entre um e dois anos de idade).

O dálmata é bem mais forte do que se imagina. Este amigável cão manchado esconde muitos músculos e peso. Crianças pequenas não têm condições de controlar um cão desta raça com uma guia.

Possuindo um dálmata

Adotar um cão, independentemente de sua raça, é um compromisso que deverá durar por toda a vida dele. Antes de comprar um filhote pense nos problemas que acarretará ter um.

Tornou-se sinal de status ter um par de dálmatas correndo atrás da carruagem da família.

Aparentemente, os dálmatas ainda hoje têm afinidade com os cavalos.

A criação de dálmatas

Os machos são maiores e mais fortes do que as fêmeas e algumas vezes têm personalidade mais forte.

O dálmata de manchas marrom-fígado é tão atraente como o de manchas pretas, mas são mais raros. Se você escolher uma fêmea, lembre-se de que ela entrará no cio.

Em média, um dálmata vive entre 11 e 12 anos, embora possa facilmente chegar a 15 e até 19 anos. Portanto, isto significa dez anos ou mais com um cão cheio de vida e capaz de praticar fortes exercícios. Mesmo em seus últimos anos de vida, os dálmatas não se tornam lentos e tranqüilos, como habitualmente acontece com outras raças. Antes de decidir aceitar esse compromisso, faça-se as seguintes perguntas:

1. Você pode sustentar um cão ativo e de porte médio?
As despesas não terminam com a compra. Há ainda o veterinário, a comida, além de objetos necessários como guia, coleira, cama e material de higiene.

2. Tem espaço?
Você deve dispor de um espaço confortável para o cão dormir e um jardim com cerca segura e de tamanho adequado.

3. Tem tempo e energia para gastar com ele?
O cão necessitará diariamente de um pouco de dedicação para seu asseio, alimentação e exercícios.

4. Fica alguém em casa a maior parte do dia?
Os dálmatas não são uma raça adequada para se deixar sozinha oito horas por dia cinco dias por semana, enquanto a "família" vai trabalhar. Se ficar sozinho regularmente por longos períodos, ele ficará entediado — e um dálmata entediado invariavelmente se torna destrutivo.

5. A pessoa que fica a maior parte do tempo em casa realmente quer um cão?
Fatalmente, esta será a pessoa que o alimentará, fará sua higiene e o exercitará; certifique-se de que este esquema funcionará **todos** os dias.

Estas questões podem parecer absurdas, mas é melhor considerá-las cuidadosamente. Ter um cão **é** uma das experiências mais gratificantes e, se depois de pesadas estas questões, você e a sua família tiverem a certeza de poder oferecer um lar adequado ao cão, posso garantir que nunca se arrependerão.

Encontrando um criador

Para iniciar bem a sua vida de proprietário de um cão, a primeira tarefa será encontrar um criador responsável que tenha dálmatas lindos e saudáveis à venda. A secretaria do Clube do Dálmata* fornece uma lista de criadores, inclusive os que têm filhotes disponíveis. E antes de marcar uma visita, tome algumas decisões.

---

* Em São Paulo o Dálmata Clube do Estado de São Paulo é em Itapira, Caixa Postal 145, CEP 13970-000, fone (019) 863-1744.

Macho ou fêmea?

Isto é uma decisão pessoal, mas há várias diferenças práticas que devem ser examinadas:
1. Os machos normalmente são maiores que as fêmeas, sendo, naturalmente, muito mais pesados e fortes.
2. Os machos às vezes têm personalidade mais forte que as fêmeas, sendo um pouco mais difíceis de controlar.
3. As fêmeas, se não forem castradas, entrarão no cio em intervalos regulares durante toda a vida. A freqüência do cio varia de uma fêmea para outra. Pode ser a cada seis ou sete meses, ou em intervalos muito maiores. Durante o cio, que dura aproximadamente 21 dias, as fêmeas, na sua maioria, se mantêm limpas, mas poderão manchar um pouco a cama. Durante o período do cio em que a fêmea se torna receptiva ao macho (durante 2 ou 3 dias, aproximadamente no meio do cio), deve-se ter cuidado para garantir que não aconteça um acasalamento acidental. À fêmea não lhe será permitido perambular, nem a algum cão se aproximar dela.

Se não tiver intenção de acasalar sua fêmea, ela poderá ser castrada após o primeiro cio. Os cios podem também ser controlados com injeções. Consulte seu veterinário.
4. Se você já tem um cão e está pensando em um segundo, é melhor pensar em um do sexo oposto, e castrar um ou ambos. Dois do mesmo sexo podem brigar pela liderança, à medida que forem crescendo.

Dois filhotes?

Embora seja tentador comprar dois filhotes para que se façam companhia, pense duas vezes antes de tomar essa decisão. Além das razões contra dois do mesmo sexo, o principal problema é o treinamento. *É quase impossível treinar dois filhotes ao mesmo tempo.* Um filhote necessita de atenção individual e, enquanto você estiver treinando um, o outro estará brincando. Se você quiser dois dálmatas para companhia, compre um; quando estiver razoavelmente treinado e bem-comportado (possivelmente entre 12 e 18 meses), então compre o segundo filhote. Nessa época, o cão mais velho lhe ajudará a treinar o novo filhote.

Com seis semanas de idade, os filhotes já têm manchas, mas o mais provável é que apareçam outras nos meses seguintes.

Capítulo dois
Escolhendo um dálmata

Visitando um criador

Entre em contato com alguns criadores de dálmata e diga exatamente o que você procura: macho ou fêmea, com manchas pretas ou fígado, se deseja um futuro cão para exposição ou de companhia (veja o Capítulo seis: A Exposição), e se a sua intenção é criar uma ninhada.

Os dálmatas não são uma raça muito comercial, apesar da boa fama e simpatia, e a maioria dos verdadeiros amantes da raça não cruza demais seus cães. As ninhadas podem ser reservadas antes ou logo após o nascimento e, como muitos dos principais criadores de dálmatas têm uma lista de espera para os filhotes, é possível que você não seja contemplado logo.

Enquanto decide o que fazer, veja mais de uma ninhada. Todas as ninhadas

Pergunte ao criador se você pode ver a mãe dos filhotes. Ela deve ser amigável e extrovertida, e seus filhotes provavelmente terão um temperamento semelhante.

são atraentes, qualquer que seja a raça, portanto assegure-se de escolher o filhote com a cabeça e não com o coração.

Os criadores mais responsáveis também vão se assegurar de que você e sua casa são adequados para seus filhotes; portanto, aguarde bastantes perguntas para ser aceito na lista de espera. Não leve a mal essas perguntas: entenda que se originam no amor profundo do criador pela raça e desejo de garantir um lar duradouro aos filhotes. Você verá que o criador está disposto a lhe oferecer ajuda e conselho em qualquer momento que lhe for solicitado. Ao comprar o filhote, dê preferência a alguém realmente interessado na raça, em vez de um grande canil comercial com muitas raças diferentes para vender.

Avaliando a ninhada

Não é interessante escolher um filhote antes de ele ter pelo menos seis semanas, pois antes disso ele pode mudar muito.

Tente marcar a visita ou visitas no momento em que os filhotes estiverem mais ativos. Não chegue logo após a alimentação, quando só querem dormir.

Os pontos gerais a serem observados na sua visita são os mesmos quer esteja a ninhada num canil comercial ou numa residência. A futura saúde de seu filhote depende muito do cuidado que recebe nas cinco primeiras semanas de vida.

A área onde ficam os filhotes deve estar limpa, seca e sem correntes de ar, assim como a área reservada para dormirem. Os filhotes devem ter aspecto limpo e saudável, bom cheiro e ser muito ativos. Se eles estiverem dormindo, deverão estar espalhados e não empilhados. Isso indica que estão quentes e confortáveis, sem necessidade de se agruparem em busca de calor.

Os melhores filhotes são aqueles que vêm na sua direção, com olhos brilhantes e abanando a cauda. Por mais atraente que seja o filhote que fica parado em um canto, não o compre. Todos os filhotes de dálmata devem ser amigáveis e interessados pelos humanos, e os filhotes tímidos ou nervosos podem ter um comportamento inadequado. Com freqüência, um filhote dá a impressão de estar "escolhendo" você. Se você gostar desse filhote, é o que deve comprar.

Às vezes parece que os filhotes estão brigando. Isso não é sinal de que serão agressivos quando crescerem: é o comportamento normal de uma ninhada enquanto decidem quem será o líder.

Isso ocorre com todos os animais em grupo. E vale a pena lembrar que o filhote-chefe também será o de personalidade mais forte.

Assegure-se de ver a mãe, pois ela será o melhor parâmetro para o temperamento do filhote que você escolheu. Espera-se que ela esteja feliz em cumprimentá-lo, cheia de alegria e ansiosa por mostrar os filhotes. Nas primeiras duas ou três semanas após o nascimento, se ela tiver um comportamento de proteção com a ninhada, isso é perfeitamente normal.

Quando os filhotes já têm aproximadamente cinco semanas e se tornam menos dependentes da mãe, ela deve voltar ao seu comportamento normal. Se se mostrar nervosa ou agressiva, é possível que os filhotes também apresentem esse tipo de comportamento (com paciência isso pode ser revertido no futuro). Nem sempre é possível ver o pai da ninhada sem fazer uma visita a outro lugar: muitos criadores não têm o macho que utilizaram. Para ter um parâmetro do futuro do filhote, vale a pena fazer o esforço de conhecer o progenitor, especialmente se estiver comprando um filhote macho.

A escolha certa

Como regra geral, lembre-se de que com seis ou sete semanas os filhotes provavelmente não terão ainda todas as manchas. Durante vários meses surgirão novas manchas. Portanto, um filhote que tenha muitas manchas e pouco branco com seis semanas de idade, será ainda mais manchado quando adulto. Se, ao observar um filhote, encontrar algo em seu aspecto que não goste — como manchas demais, ou uma orelha preta, ou um olho azul —, não o compre. À medida que o filhote ficar mais velho, você achará essa característica mais desagradável.

Não compre nenhum filhote do qual você não esteja realmente seguro. Lembre-se de que terá de conviver com ele e amá-lo durante os próximos anos.

Não se pode afirmar que o maior ou o menor filhote da ninhada será sempre assim. Quando os filhotes deixarem a ninhada, podem mudar muito, e o tamanho do adulto pode depender de muitos fatores diferentes. Encontrar o filhote certo provavelmente não é tão fácil como você pensa, mas é importante ter certeza da escolha.

Advertência

Os dálmatas têm um problema, reconhecido pelos criadores: uma predisposição para a surdez hereditária (veja o Capítulo sete: Criando dálmatas). Na Grã-Bretanha o teste de avaliação da audição dos filhotes pode ser realizado pelo criador em uma máquina BAER, antes de os filhotes chegarem à idade de ser vendidos. No Brasil, o criador se vale da observação para detectar esse problema.

Dando um nome ao filhote

Quando tiver escolhido o seu filhote, decida seu nome. Deverá ser um nome fácil e que soe bem quando você chamar seu cão em um lugar cheio de gente. Escolha um nome com duas sílabas, como Tosca ou Mika, em vez de Rex ou Toy. Quando tiver escolhido o nome, peça ao criador que o utilize quando falar com o seu filhote. Desta maneira, ele irá se acostumando com o nome.

Este é um filhote saudável e em forma, mas tem poucas manchas e um olho azul. Ele tem características de um animal de estimação de primeira classe, mas você deverá estar ciente de seus "defeitos" físicos, pois eles não mudarão quando ele crescer.

Escolhendo um dálmata

Se estiver comprando brinquedos para seu dálmata, certifique-se de que são feitos com materiais que não possam ser triturados com facilidade.

Existem muitos tipos de pratos para a alimentação. Os de aço inoxidável são os mais adequados para os dálmatas.

É também uma boa idéia entregar ao criador um pano que possa ser utilizado pela ninhada um dia antes de você levar o seu filhote. Leve o pano para casa e utilize-o na cama dele: assim haverá um cheiro familiar por perto.

Preparações

Existem muitas coisas a serem planejadas antes de levar o filhote para casa: onde o recém-chegado vai dormir, o que vai comer e os acessórios necessários.

Alojamento

Os dálmatas podem viver em um canil externo bem abrigado. O ideal é que seja suficientemente grande para que se possa andar nele e limpá-lo bem. A cama não deve ficar em contato com o piso e deve ser forrada levando em conta que os dálmatas não têm muito pêlo.

Um dálmata pode se adaptar perfeitamente bem a uma acomodação externa, mas sem dúvida preferirá viver dentro de casa. Afinal, se seu cão é um animal de estimação, é mesmo melhor que viva como parte da família. Se preferir mantê-lo em casa, terá de decidir onde dormirá. A área deve ser seca e sem correntes de ar, e deve haver espaço suficiente para que um dálmata já crescido se deite com conforto. É importante que, uma vez escolhido o lugar, ele seja o "canto do cão" para sempre. Todo cão necessita de um lugar para onde possa se retirar quando ele (ou você) quiser paz e tranqüilidade.

Camas e cercados

Enquanto o filhote for pequeno, provavelmente é melhor utilizar como cama uma caixa resistente de papelão (sem grampos metálicos). Corte um lado mais baixo para fazer uma "porta", deixando um acesso fácil para o filhote. Ele se sentirá mais seguro em uma caixa pequena. O tamanho da caixa pode ser aumentado à medida que ele cresce.

Existem muitos tipos de cama, sendo alguns realmente inadequados para um dálmata, como cestas de vime e almofadas que são facilmente mastigáveis. As camas de plástico são muito mais práticas, embora possam "sofrer" mordidas nas bordas.

O tamanho de uma cama para um dálmata adulto tem de ser suficientemente grande (70 cm de largura no mínimo) para que o cão durma com conforto.

Pense em comprar um cercado para o cão: é muito útil e prático desde que o cão o considere como o "seu lugar", indo para lá sem "reclamações", aceitando ficar confinado ali por períodos curtos. É essencial que seja suficientemente grande para que o cão *adulto* fique de pé, gire e se deite com conforto. Logicamente, parecerá grande demais para o seu filhote.

Mas, se o filhote for treinado a dormir em seu cercado ou caixa de transporte desde cedo, isso será para sempre. Alguns cercados são feitos de material rígido soldado e totalmente desmontáveis. Podem ter vários tamanhos e formatos, com a porta no fundo ou na lateral. As vantagens dos cercados e caixas de transporte são muitas:

1. Podem ser desmontados, sendo possível utilizá-los no carro e viajar com o cão de uma maneira muito mais segura. O cão está dentro e não pode escapar, mesmo que a porta do carro fique aberta por qualquer razão.
2. Sair de viagem é muito mais fácil porque o cão sempre terá o seu próprio espaço e se sentirá mais seguro mesmo num lugar estranho. Muitos hotéis não permitem cães soltos dentro dos quartos, mas permitem dentro de cercados.
3. Se seu cão tiver o azar de se machucar e o repouso for essencial para uma recuperação rápida e completa, o cercado será um lugar confortável para o seu descanso obrigatório.
4. Às vezes, com visitas em casa, a companhia de um cão pode não ser adequada. Ele ficará bem dentro do cercado ou da caixa.

A coberta

O seu dálmata necessitará de cobertas que possam ser lavadas com freqüência, por exemplo, panos de algodão, lençóis de lã ou algum tipo de tecido macio.

Tigelas

Existem muitos tipos de tigelas para cães, para o alimento ou para a água, e sem dúvida as de aço inoxidável são as melhores. Os pratos de plástico acabam sendo mastigados em pouco tempo; os de cerâmica ou louça podem quebrar facilmente.

É importante continuar com a mesma dieta a que ele estava acostumado para não introduzir uma mudança durante esse período estressante de adaptação. O criador pode lhe dar um pouco de comida para as primeiras refeições.

Brinquedos

Se pretende comprar brinquedos, procure os que sejam de materiais que não podem ser triturados facilmente, ou não sejam pequenos demais e possam ser engolidos. As bolas de plástico ou de borracha dura (mais ou menos do tamanho de uma bola de tênis, ou maior) ou os brinquedos com formato de osso são adequados. Os chocalhos menores podem divertir alguns filhotes mais novos, mas tome cuidado para que o filhote não mastigue e engula o brinquedo. Os brinquedos de madeira não são aconselháveis, porque formam lascas.

Os dálmatas são animais de estimação ideais para uma família com crianças pequenas, mas não deixe o filhote estressado reunindo muitas pessoas na hora que ele chegar em casa pela primeira vez.

Evite dar ao seu filhote um chinelo velho para brincar, pois ele não distinguirá os chinelos velhos dos novos. Uma idéia barata é pegar um pedaço velho de material forte, como sarja (por exemplo, a perna de uma calça jeans velha), enrolá-lo e fazer um grande nó no centro; isso manterá o filhote entretido durante horas. Ou uma corda longa e grossa com nós ou trapos de algodão, que são materiais praticamente indestrutíveis.

O veterinário

É aconselhável fazer contato com um veterinário (se possível, recomendado pelo criador do filhote ou vizinhos) antes de você levar o filhote para casa.

Capítulo três
Cuidando do seu filhote

Trazendo o seu filhote

Talvez você não tenha de viajar demais para buscar o seu filhote, mas, independentemente da distância, tente fazer essa viagem no início do dia para que ele possa se adaptar na nova casa antes da hora de dormir. Nessa viagem leve o seguinte:

1. Jornais ou papel absorvente para limpar a sujeira que o filhote pode fazer.
2. Uma ou mais toalhas grandes; o filhote pode babar ou ficar enjoado.
3. Um saco plástico para lixo.
4. Um prato e uma garrafa de água. Isto só será necessário se a viagem for longa, ou o tempo estiver muito quente.

É melhor outra pessoa ir com você para cuidar do filhote durante a viagem. Não leve muita gente, especialmente crianças pequenas.

A primeira noite pode ser traumática para o filhote, porque ele sentirá a falta do calor e da companhia da ninhada.

Este será o primeiro momento estressante da vida de seu filhote. Procure atenuar o desconforto. Quando você combinar de retirar o seu filhote do criador, assegure-se de que ele não seja alimentado, pois isso aumenta as chances de enjôo.

Se você viajar num carro tipo perua, coloque-o na parte de trás, mas tenha em conta que, largado em uma área relativamente grande, ele pode se sentir muito inseguro, rolar de um lado para outro se a estrada tiver curvas. Se o filhote for deixado solto na traseira do carro, deixe com ele roupa de cama suficientemente macia para se aconchegar. Não o deixe solto nos bancos, pois poderá cair e se machucar. São boas razões para utilizar um cercado.

Se a viagem for demorada, o filhote precisará se aliviar durante o trajeto; por isso, é aconselhável levar uma caixa de papelão, a maior possível, com a base forrada com jornal. O filhote não deve ser colocado diretamente no chão fora de casa, pois poderá pegar infecções deixadas por outros animais.

Chegando em casa

O mais importante, ao chegar em casa, é que o filhote não se estresse em contato com um grande número de pessoas. Provavelmente ele vai querer urinar após a tensão da viagem. Leve-o a um lugar tranqüilo, no jardim, ou dentro de casa, sobre papéis, e deixe-o sozinho. Ofereça-lhe um pouco de água ou leite.

O filhote se sentirá confuso com tudo o que está acontecendo. Foi tirado de sua casa, de sua família e de tudo o que representava segurança para ele e agora se encontra em um ambiente estranho com pessoas que não conhece. É possível que seu primeiro impulso seja correr e fugir. Se o fizer, deixe-o por um tempo, pois provavelmente reaparecerá quando perceber que não existe perigo. Os filhotes são muito curiosos, e ele logo começará a investigar o ambiente.

No início poderá parecer desconfiado, quase se arrastando em vez de andar normalmente. Não se preocupe com isso, pois é perfeitamente normal: logo ganhará confiança.

Apresentando a família

Lembre-se de que uma pessoa pode parecer um gigante para um filhote; portanto, para começar será melhor que você se abaixe e se aproxime do tamanho dele. Quando estiver encorajando o filhote para vir até você, abaixe-se para não parecer tão grande.

Se você já tiver um cão mais velho, empenhe-se na apresentação inicial entre os dois para não ter muitos problemas. A melhor maneira será deixar que o filhote se acomode no novo ambiente durante algum tempo, antes de permitir que o cão mais velho o conheça. É melhor manter o cão mais velho com a guia na hora da apresentação, para ter controle sobre o que possa acontecer. Faça com que o encontro seja natural; não os force a se aproximarem, e procure evitar que o mais velho tenha motivos para sentir ciúmes do filhote. Do ponto de vista do cão mais velho, o filhote é um intruso.

Deixe o cão mais velho rosnar ou resmungar, ou até derrubá-lo, mas evite que o ataque o machuque seriamente. Leve em conta que o mais velho está somente deixando claro que ele é o chefe, e que o filhote deve fazer o que ele quiser. Na maioria das vezes, na apresentação haverá lambidas e fungadas antes de começarem as brincadeiras. Às vezes o adulto rejeitará o "intruso". Se isso acontecer, separe-os e assegure-se de que o mais velho perceba que você não tolerará esse comportamento. Reapresente-os, mas tenha certeza de que estão sendo vigiados de perto até que o mais velho entenda que o filhote não é uma ameaça para ele ou para a casa. Por estranho que pareça, alguns cães mais velhos podem ter medo dos filhotes.

Ocasionalmente, o cão adulto reagirá ao recém-chegado de um modo totalmente diferente: ignorando-o. Neste caso, após o encontro inicial, o mais velho pode deixar o local quando o filhote entrar, ou virar as costas sem mesmo olhar para ele. Isso pode acontecer durante alguns dias. Um de meus cães se comportou dessa maneira durante três semanas, até se conformar que o filhote iria ficar mesmo. Acabaram se tornando grandes amigos.

A primeira refeição

O filhote pode ter perdido uma refeição na mudança de lar, mas não tem importância. Quando for a hora da primeira refeição na sua casa, não lhe dê uma quantidade dobrada para compensar a refeição que perdeu. Alimente-o com a quantidade e tipo de alimento normais da lista da dieta sugerida pelo criador.

É importante estabelecer onde o filhote será alimentado. Certifique-se de não incomodá-lo enquanto come. O filhote pode se recusar a comer, mas não se preocupe: ele deve estar estranhando a casa e, na próxima refeição, provavelmente já estará com o apetite normal. Assegure-se de que tem à disposição bastante água limpa e fresca para beber.

A primeira noite

Se você deixou algum pano no canil do criador e depois o trouxe com o filhote, ele se aconchegará melhor, tendo algo com cheiro familiar.

A primeira noite pode ser muito traumatizante para o filhote. Provavelmente será sua primeira noite sozinho, e sentirá a falta do calor e da companhia dos irmãos. Atenue este mal-estar fazendo o seguinte:

• coloque uma garrafa de água quente (não demasiado quente) no fundo da caixa de seu filhote, certificando-se de que esteja bem embrulhada para que ele não possa mastigá-la, com o pano por cima. Isso lhe dará o calor e o cheiro dos outros filhotes.

Não se preocupe se seu filhote não comer sua primeira refeição quando chegar em casa; ele o fará na hora da próxima refeição.

Cuidando do seu filhote

O dálmata tem muito para aprender. Este jovem aprendeu a tolerar a coleira e a guia, embora ainda tenha de aprender mais sobre obediência formal.

A maioria dos dálmatas gosta de viajar de carro. Será útil se você levar um cercado ou caixa, para que seu cão tenha um lugar seguro para se acomodar.

- coloque um relógio junto à cama: ajudará a acalmá-lo, pois seu ruído lembra os batimentos do coração da mãe.
- deixe um rádio tocando baixinho: pode ajudar o filhote a se sentir menos só.

É provável que o filhote chore, uive ou lata quando for colocado na cama, ou durante a noite. É normal e compreensível, pois estará se sentindo muito sozinho e abandonado. Se ele estiver muito desamparado, vá até ele, tranqüilize-o, dê-lhe um pouco de leite e coloque-o de novo na cama. Faça isso somente nas primeiras noites, para não se tornar um hábito.

Não aconselho a levar o filhote para o seu quarto, a menos que ele vá dormir sempre lá. O choro noturno durará somente algumas noites, até que o filhote tenha se acostumado com o novo lar e rotinas.

As crianças e os dálmatas

As crianças pequenas devem aprender a lidar com o filhote e saber que *não é um novo brinquedo!*

Devem aprender a não molestá-lo quando está dormindo, principalmente quando é novo, e na velhice, quando o cão não é mais tolerante. Não se deve permitir que se incomode ou maltrate um cão, independentemente da idade dele. Mais cedo ou mais tarde o cão reclamará, e talvez até morda.

O cão deve saber como se comportar com as crianças, aprendendo a não se aproveitar para pedir ou roubar comida, para pular, ou para qualquer outro comportamento anti-social. Mesmo que as crianças queiram levar o cão para passear, não devem ser autorizadas, a menos que acompanhadas de um adulto.

Os dálmatas e as crianças farão uma boa parceria se souberem se comportar e não se machucarem mutuamente.

As primeiras semanas

ALIMENTAÇÃO
É importante estabelecer uma rotina de alimentação desde o começo e mantê-la com um mínimo de alterações ao longo de toda a vida do cão.

Com sete ou oito semanas, serão necessárias quatro refeições por dia: duas com leite e duas com carne. Obviamente, à medida que o cão cresce, isso mudará. Ele necessitará de quantidades maiores, e um menor número de refeições.

Embora as quantidades exatas variem de cão para cão, a seguinte rotina deve se encaixar na maior parte das famílias e exigirá poucas adaptações.

DESDE O DESMAME ATÉ 16 SEMANAS
(QUATRO REFEIÇÕES POR DIA)

O CAFÉ DA MANHÃ E A MERENDA DA TARDE: prefiro que sejam estas as refeições com carne, de modo que, quando o número das refeições for reduzido, estas refeições não sejam mudadas. Há duas possibilidades:

1. Comida básica para filhotes, empapada, misturada com carne de boa qualidade cortada em pequenos pedaços, crua ou cozida.
2. Uma ração completa para filhotes. É fácil de encontrar, enlatada ou seca. Se você alimentar o filhote com ração seca, empape-a em água quente e espere uma hora aproximadamente antes de servir. Siga inicialmente as instruções do fabricante em relação à quantidade, mas se for necessário ajuste-a ao apetite dele.

ALMOÇO E JANTAR: Estas refeições são baseadas em leite e serão suprimidas quando o filhote crescer. Cada refeição deve consistir em leite integral com uma gema para cada meio litro, misturado com cereais, pudim de arroz ou mingau de cereais e uma colher de chá de mel.

Se você o estiver alimentando com uma dieta balanceada de boa qualidade, talvez não sejam necessários suplementos. Uma boa ração comercial supre as necessidades do filhote. Mas se você achar que deve dar um suplemento, utilize uma farinha de osso de boa qualidade, elaborada para ração de animais, e adicione uma pequena quantidade em uma refeição uma ou duas vezes por semana.

Não lhe dê muita quantidade de suplemento, pois pode prejudicar o filhote. Isto se aplica particularmente ao óleo de fígado de bacalhau e a suplementos de cálcio.

DE 4 A 6 MESES
(TRÊS REFEIÇÕES POR DIA)

Nesta etapa, o mais conveniente é interromper a refeição de leite do meio do dia. As outras três refeições continuam como antes.

A PARTIR DE 6 MESES
(DUAS REFEIÇÕES POR DIA)

Chegou o momento de suspender as refeições com leite, deixando somente as duas refeições de carne.

Eu prefiro continuar servindo duas refeições diárias a todos os cães acima desta idade, por diversas razões:

1. Se a mesma quantidade de alimento for servida em duas refeições, será menor a probabilidade de o cão encher demais o estômago (veja o Capítulo oito: Cuidados com a saúde).

2. O cão fica mais satisfeito, e há menos probabilidade de ele pedir comida quando você come.

3. Se for necessário alterar a quantidade porque o seu cão está acima ou abaixo do peso, é mais fácil fazer duas pequenas alterações em vez de uma maior, e o cão provavelmente nem notará a mudança.

A quantidade de comida depende do cão e de fatores como temperatura, exercício e temperamento que atuam sobre a quantidade necessária. À medida que o filhote cresce, ele vai querer mais comida. É melhor aumentar a quantidade nas duas refeições de carne, porque elas serão mantidas, e manter inalteradas as de leite.

Se o filhote sempre deixa comida no prato, provavelmente você está lhe dando demais. Se ele continuar procurando comida após a refeição, talvez esteja dando de menos. Normalmente, um filhote deve deixar o prato limpo a cada refeição. *E sempre deixe água limpa disponível, independentemente da alimentação que o filhote receber.*

Não dê petiscos excessivos, principalmente doces e biscoitos. Com uma dieta controlada, é menos provável que o cão desenvolva problemas digestivos e crie maus hábitos.

Treinamento em casa

Em geral, os dálmatas são uma raça muito limpa e costumam ser fáceis de treinar para a rotina doméstica. O treinamento não pode ser apressado e requer uma boa dose de disciplina por parte do dono. Quando o filhote chega em casa, ele não sabe que está agindo errado quando faz qualquer sujeira no carpete. O seu instinto lhe diz que não deve sujar a sua cama, mas isso é tudo que sabe. Você tem de ensiná-lo que sua casa inteira é a cama dele.

A bexiga de um filhote pequeno não tem grande capacidade, e ele necessitará esvaziá-la freqüentemente. Quando ele estiver dormindo, principalmente durante a noite, a bexiga não precisará ser esvaziada com tanta freqüência. Inicie o treinamento levando o filhote para fora logo que acordar, logo após uma refeição ou ainda após beber, e também em intervalos entre essas situações, especialmente se ele começar a se agachar ou andar em círculos.

Se houver algum lugar no jardim que você queira utilizar como área de toalete dele, leve-o sempre para esse lugar. O mais importante do treinamento é você ficar junto a ele, animando-o com observações tais como "rápido", "seja bonzinho" etc. No início ele não entenderá, mas aos poucos perceberá que existe uma relação entre suas palavras e o que ele vai fazer. Quando acertar, elogie-o bastante. Os filhotes mais novos normalmente esvaziam o intestino logo após a refeição. Se você deixar o filhote fora sozinho, ele tentará voltar para dentro ou explorar o jardim: não sabe o que se espera dele. Portanto, qualquer que seja o tempo fora, você deverá sair com ele e ser paciente, porque nem sempre ele fará suas necessidades imediatamente.

Nunca grite ou bata no filhote quando ele fizer sujeira na casa. Ele não consegue entender que está sendo punido por algo que já fez. Se você o surpreender no ato, diga-lhe "Não" em tom severo, e leve-o rapidamente para fora.

Se você decidiu utilizar um cercado para seu filhote, o treinamento em casa poderá ser mais fácil, porque ele não sujará sua área de dormir. Durante a noite, ou quando você deixar o filhote durante algum tempo, coloque sua cama

Cuidando do seu filhote

A socialização é uma parte vital do treinamento. Este dálmata foi ensinado desde pequeno a aceitar os gatos da casa.

O cão bem socializado enfrenta com facilidade todas as novas experiências.

em uma metade do cercado, e encha de papel o outro lado para que ele o utilize. Durante o dia, um filhote não deve ser confinado durante longos períodos (de 30 ou 45 minutos seguidos é o máximo). Em seguida leve-o para fora imediatamente, para se aliviar. O filhote ficará muito aflito se for confinado durante períodos mais longos, pois será forçado a sujar a sua própria cama.

A maioria dos criadores utiliza jornais espalhados no chão ao redor da área de dormir para que seja mais fácil a limpeza. Como os filhotes estão acostumados a se utilizar dos papéis, se você colocar papéis no chão perto de sua porta, o filhote normalmente irá lá para se aliviar e não em outros lugares. À medida que o filhote cresce e se torna capaz de se controlar, diminua a área do papel e, depois, ponha só fora.

Embora os filhotes não necessitem se aliviar com tanta freqüência durante a noite enquanto dormem, no início não será possível para o seu filhote passar a noite inteira sem esvaziar a bexiga e os intestinos. À medida que ele crescer, terá mais habilidade para se manter seco, portanto seja paciente se você encontrar sujeira pela manhã. Quando você acordar pela manhã, dê prioridade a levar o filhote para fora.

Se você fizer uma rotina de levar o filhote para fora e de observá-lo com muita atenção, poderá completar um treinamento básico doméstico em uma ou duas semanas. Eventualmente você ainda terá algum acidente durante o dia, mas normalmente será porque o filhote não pôde sair, ou porque você não percebeu que ele estava pedindo para sair. A vigilância é a palavra-chave para as primeiras semanas.

Se você já tiver um cão mais velho, verá que a maior parte do tempo o seu filhote seguirá o mais velho para fora e aprenderá logo o que fazer. Mas poderá ocorrer o contrário: o mais velho decidir que "se o filhote pode se aliviar aqui, eu também posso"... Se isso acontecer, seja muito firme com o cão mais velho, e faça com que perceba que esse comportamento não é aceitável.

Vacinações

Durante as primeiras semanas de vida, os filhotes estão protegidos de muitas doenças caninas graças aos anticorpos maternos. Quando o filhote tem duas ou três semanas, essa proteção tem de ser substituída pela vacinação.

Consulte seu veterinário sobre um programa de vacinação: ele saberá as doenças mais freqüentes na sua região e qual o momento de dar as vacinas. As principais doenças das quais se deve proteger os filhotes são cinomose, hepatite, leptospirose e parvovirose. As vacinas iniciais costumam ser dadas aproximadamente com dez semanas.

Até que seu filhote tenha recebido todas as vacinas, não é aconselhável expô-lo a qualquer risco de infecção. Portanto, você deverá deixá-lo correr somente no seu próprio jardim ou em lugares onde saiba que outros animais não tenham estado recentemente.

Os próximos reforços dessas vacinações devem ser determinados pelo veterinário; a maioria aconselha um reforço anual. Se você tiver a intenção de deixar seu cão em hotéis para cães, provavelmente verá que é necessário um certificado de vacinação atualizado antes de o cão ser aceito.

Socialização

Embora você não possa levar o filhote para qualquer lugar até que o programa de vacinação inicial esteja concluído, já poderá iniciar o processo de socialização. Permita que brinque ou se misture com as visitas em casa.

Mostre a seu filhote os diferentes eletrodomésticos de casa, tais como o aspirador de pó e a máquina de lavar roupa, explicando-lhe que não deve assustar-se com essas máquinas e ruídos. Coloque no rádio diferentes tipos de programas, como música, entrevistas etc. em tons altos e baixos.

Leve seu filhote para passeios de carro. Podem ser passeios curtos, para que se acostume a sair de casa e depois voltar. Se tiver amigos ou parentes que não têm cão, ou que o cão esteja vacinado, você poderá levar o filhote a suas casas. Enquanto o seu dálmata for suficientemente pequeno para ser carregado (isto não dura muito), vá a uma avenida com bastante tráfego e fique lá em pé ou sentado, evitando colocar o filhote no chão ou em contato com outros cães. Dessa maneira, o filhote se acostumará ao som e à vista do trânsito.

Trate de mostrar a ele o maior número de coisas possível entre a idade de sete e doze semanas, etapa em que aprenderá com grande rapidez. Os filhotes mantidos isolados durante esse período podem mostrar apreensão e medo nas novas situações da vida.

Entre as oito e as onze semanas, é necessário ter cuidado de não assustá-lo com movimentos bruscos, ruídos fortes ou manipulação desconfortável, pois qualquer trauma mental ou físico nesse período poderá ter um efeito duradouro. O carinho e os afagos o ajudarão a vencer qualquer trauma. Por exemplo, quando levar o filhote ao veterinário para a primeira injeção, certifique-se de que não se assuste com a agulha ou com o próprio veterinário. Anime-o e tranqüilize-o, talvez com algum petisco ou guloseima, para ajudá-lo a vencer este medo.

Exercícios

Os filhotes jovens não necessitam e não devem fazer exercício excessivo. Quando seu filhote estiver treinado para andar na guia, serão suficientes passeios curtos. À medida que ele cresce, o treinamento o torna mais confiável, os passeios podem ser um pouco mais longos e pode-se deixá-lo correr livremente. Exercícios excessivamente vigorosos podem causar futuros problemas nos ossos e nas juntas em crescimento.

Se você não quer banhar seu cão, dê-lhe uma rápida esfregada com uma toalha úmida e deixe-o secar em lugar quente. A lama se soltará de seu pêlo com apenas uma escovada leve.

Capítulo quatro
Como cuidar do adulto

Dieta

Alimentar o dálmata adulto é uma seqüência do regime alimentar do filhote, mas neste estágio ele terá duas refeições diárias, uma de manhã e outra de tarde, em horários que se adaptem a sua rotina. Será melhor se você puder alimentá-lo sempre na mesma hora todos os dias.

O tipo de dieta depende da opção pessoal mas, assim como com o filhote, poderá ser:

1. Uma refeição de carne com arroz e legumes, utilizando carne fresca ou enlatada de boa qualidade com biscoitos que tenham sido molhados em água quente e depois deixados esfriar.
2. Uma dieta totalmente industrializada, seca ou enlatada.

Excesso de variação na dieta pode levar a problemas digestivos. Todas as mudanças devem ser introduzidas gradativamente durante vários dias, para não afetar o estômago. Assim como os filhotes, todos os adultos são diferentes e

O pêlo do dálmata é fácil de cuidar, e uma rotina regular de escová-lo uma a duas vezes por semana deixará seu cão em ótimas condições.

necessitam de quantidades de alimento variáveis. Portanto, a quantidade de alimento dependerá das necessidades individuais de seu animal.

Como regra geral sobre o peso, observe as costelas do cão. O correto é você conseguir perceber as costelas com seus dedos. Se seu animal estiver com peso excessivo, você não conseguirá senti-las muito bem, pois terá de pressionar através de uma camada de gordura. Se estiver com peso baixo, as costelas poderão ser vistas à distância.

Controle a quantidade de alimento que o cão deve comer, para que não fique abaixo nem acima do peso. O sobrepeso pode afetar seriamente sua saúde geral. Aumente ou diminua aos poucos ambas as refeições diárias para manter o peso correto. Desta maneira, seu cão provavelmente nem notará a diferença.

Grooming

A pelagem de um dálmata é fácil de cuidar durante a maior parte do ano. Só precisa de um escovamento regular com uma escova de cerdas uma ou duas vezes por semana, esfregando depois com um pano úmido. Infelizmente, quando ele entra na fase de muda (o que acontece duas vezes por ano), os pêlos brancos parecem multiplicar-se a uma velocidade muito rápida, especialmente no tapete... Neste momento, o ideal é escová-lo pelo menos uma vez por dia (preferivelmente fora de casa e não quando você estiver vestido de preto). Além das escovas ou pentes de cerdas, deve-se utilizar uma luva de borracha, que se encontra na maioria das lojas de animais.

Banho

A menos que ele esteja muito malcheiroso — o que exige realmente um banho — um dálmata bem tratado não necessita de banhos freqüentes. Um banho uma ou duas vezes por ano será suficiente. Ao banhar seu cão, utilize um xampu suave, e enxágüe o pêlo cuidadosamente. Passe uma toalha seca para retirar todo o excesso de água, procurando manter o cão aquecido até estar completamente seco. Se for possível, ensine-o a se sentar para poder secá-lo com um secador de cabelo.

Com tempo úmido, o cão poderá se sujar de lama quando voltar de seus exercícios; neste caso é melhor esfregá-lo com uma toalha velha e deixá-lo em um lugar aquecido até que a lama esteja seca, e caia do pêlo com uma escovação suave.

Os banhos freqüentes provocam a perda dos óleos naturais do pêlo, e a sujeira grudará com mais facilidade. Uma dieta bem balanceada ajudará a manter o pêlo em boas condições e com a oleosidade natural.

Dentes

Manter limpos os dentes de seu cão não é sempre fácil, principalmente se a dieta contém comida úmida. Alguns biscoitos duros para cães, dados semanalmente, ajudarão a manter os dentes limpos. Os ossos também são excelentes para isso, mas *somente* um tipo certo de osso. O único osso adequado para um dálmata é um osso de jarrete ou de tutano. Poderão ser ossos frescos do açougue ou ossos preparados esterilizados, encontrados em lojas de animais. Os ossos pequenos (como os ossos de carneiro) ou moles (como as costelas) não são adequados. Podem causar problemas se se fragmentarem e obstruir os intestinos. Os dálmatas nunca devem comer ossos de qualquer tipo de ave ou peixe.

Existem produtos especiais para cães, como o creme dental, e é possível treinar o filhote para que, quando os dentes adultos tiverem aparecido, ele lhe permita limpá-los, como você limpa os seus. Observe se os dentes de seu cão começam a ficar cobertos por tártaro.

Se isso for excessivo, o hálito dele se tornará muito forte e os dentes e gengivas ficarão infectados. O tártaro pode ser retirado com visitas regulares ao veterinário.

Os pés e as unhas

É importante um bom cuidado com os pés tanto morando na cidade quanto no campo, e um pouco de cuidado pode evitar possíveis claudicações.

Faça inspeção de rotina nos pés do cão sempre que ele voltar dos exercícios. Bastam alguns segundos para verificar se não há cortes nas almofadas plantares (as áreas sem pêlos, na parte inferior dos pés) e se nada ficou entre os dedos. Se estiveram andando na rua, verifique se o cão tem piche nos pés ou pequenas pedras encravadas entre os dedos, especialmente se o tempo está muito quente ou se o asfalto da rua for novo. No campo, verifique se há algum espinho ou semente entre as almofadas plantares.

Alguns cães têm unhas macias que se desgastarão naturalmente quando se exercitarem, mas outros as têm muito duras e provavelmente necessitarão ser cortadas para manter os pés em boas condições. Se deixar que as unhas cresçam demasiado, não somente ficarão feias e estragarão o aspecto do pé, mas também começarão a machucar o cão quando ele andar, especialmente em superfícies duras.

As unhas podem ser cortadas muito facilmente se você o fizer como rotina, começando nas primeiras semanas. No início só necessitará de umas tesouras afiadas ou um cortador de unhas comum, mas à medida que o filhote cresce, as unhas se tornam mais duras e o melhor será utilizar o cortador tipo guilhotina para cães. Se as unhas forem cortadas regularmente, você só necessitará cortar as pontas. Nunca corte a parte irrigada (o centro da unha cor-de-rosa) porque

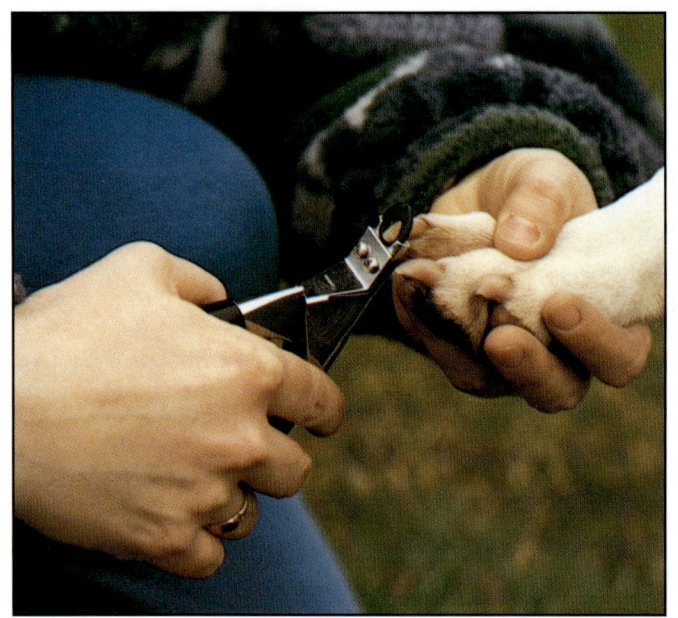

Os pés devem ser inspecionados cada vez que o cão voltar do exercício. Se as unhas ficarem muito compridas, será necessário cortá-las, utilizando o cortador tipo guilhotina.

Examine as orelhas para se assegurar de que estão limpas e que têm um cheiro fresco. Se for necessário, retire o excesso de cera com um pedaço de algodão.

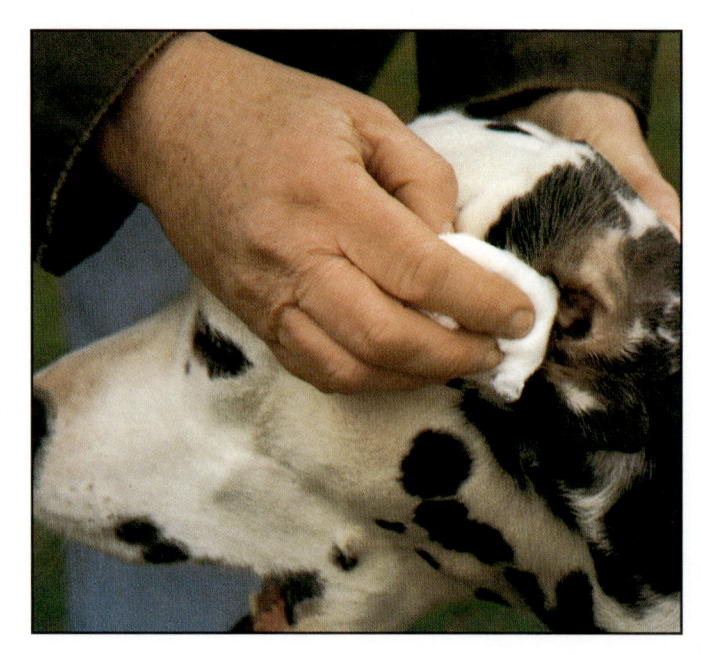

Como cuidar do adulto

Roer um osso é uma boa maneira de manter os dentes limpos, mas ele não deve estar sozinho, sem observação, quando está com um osso.

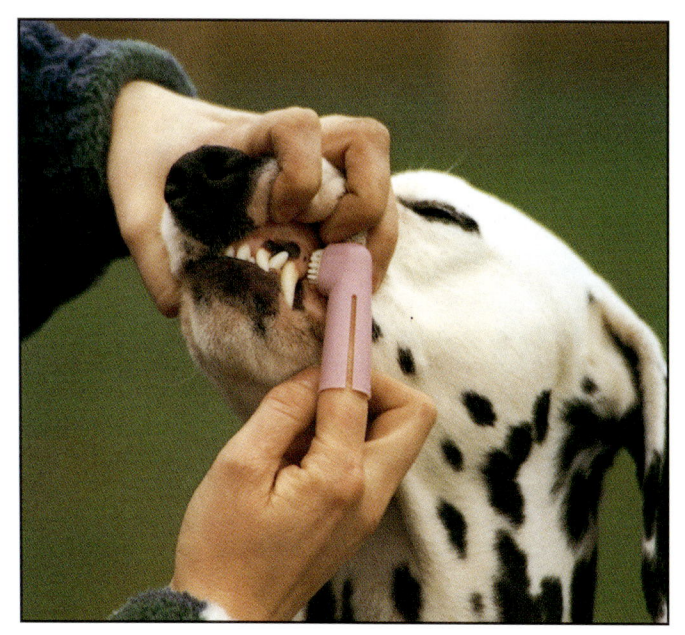

Se o tártaro se acumular sobre os dentes, uma escovação regular com escova de dentes adequada resolverá rapidamente o problema.

machucará o cão, a unha sangrará muito, e ele ficará com medo de cortar as unhas novamente.
Se ficar apreensivo em cortar as unhas, ou se ele tiver unhas pretas ou de cor marrom, tornando difícil ver a parte irrigada, mantenha as unhas curtas limando-as. Use uma lima de aspereza mediana. É melhor prender o pé e limar a unha de baixo para cima.
Se seu cão se recusar a cortar as unhas, recorra ao veterinário.

Exercícios

Quando o filhote se aproximar da fase adulta, aumente a quantidade de exercícios. Aos nove meses, já poderá enfrentar passeios razoavelmente longos, com ou sem a guia. Após os 18 meses, apreciará qualquer quantidade de exercícios, e mesmo os passeios mais longos não o cansarão. Você poderá estar esgotado, mas seu dálmata não: depois de um pequeno descanso, ele estará pronto para começar tudo de novo...
Para evitar problemas relacionados com o exercício, eis algumas sugestões:
1. Não o exercite demais com o tempo muito quente; é melhor esperar que esfrie um pouco.
2. Se for possível, não lhe permita pular de lugares altos sobre superfícies duras como concreto ou pedras soltas, pois poderá facilmente machucar os pés ou os ombros.
3. Não lhe permita correr solto próximo ao trânsito.
4. Nunca lhe permita correr solto perto de gado ou aves domésticas.
5. Assegure-se de que ele esteja sempre sob controle e principalmente quando houver crianças, outros cães ou pessoas idosas por perto.
Um dálmata bem controlado é uma alegria, não somente para você, mas também para os demais; você verá como logo ele forma sua própria turma de amigos.

Viagens de carro

Os dálmatas, tanto jovens como adultos, costumam gostar de andar de carro; portanto, é muito fácil treiná-los para viajar com você. Quando a minha cadela conseguia se meter no carro pela manhã, não havia maneira de tirá-la de lá até de tarde. Um cão pode ser uma ótima companhia quando você dirige sozinho, e também cuidará do carro sempre que você sair dele. Entretanto existem alguns pontos que devem ser lembrados se você viajar com seu cão, mesmo que a viagem não seja muito longa:
1. Se o cão estiver no carro durante muito tempo, permita-lhe se aliviar em intervalos regulares. Leve sempre água potável e um prato para ele.
2. *O calor muito forte no interior do carro pode matar os cães em pouco tempo*. Se você estiver viajando com um tempo muito quente e ensolarado,

deixe o cão na parte onde tem sombra dentro do carro enquanto estiver em movimento, e especialmente em tráfego lento. O sol direto através da janela pode causar insolação.

Nunca deixe o cão no carro em um dia quente e ensolarado. Mesmo que o tempo não esteja quente demais e você tenha estacionado na sombra, a temperatura dentro pode aumentar muito rapidamente e isso pode ser fatal para ele. Como os cães não podem suar para refrescar-se, como os seres humanos, seu corpo pode atingir uma temperatura altíssima em pouco tempo.

Um termômetro dentro do carro mostrará como aumenta a temperatura. Um carro deixado em pleno sol com as janelas abertas pode chegar em poucos minutos a 38 graus centígrados, e logo atingir 65, o que seria fatal para o cão.

De maneira geral, se dentro de seu carro estiver quente ou frio demais para você, para seu cão será pior.

O cão velho

Os dálmatas, se forem bem cuidados, podem ter uma vida plena e ativa até o fim. Mas, à medida que ficarem mais velhos, necessitarão de cuidados adicionais. A velhice, para um dálmata que foi bem cuidado, começa normalmente a partir dos dez anos. Portanto, leve em conta as necessidades dele e terão muitos anos felizes pela frente. Os pontos que devem ser observados são:
1. Não o deixe engordar, principalmente quando envelhecer. Um peso excessivo deixa sobrecarregadas todas as articulações e o coração, e faz com que os exercícios sejam mais difíceis.
2. Reduza levemente a quantidade de proteína da dieta à medida que ele vai ficando velho. Existem dietas completas específicas para cães velhos.
3. Deixe-o sempre em lugares mornos e secos, principalmente nas temperaturas frias e após os exercícios.
4. Reduza a quantidade de exercícios fortes. São preferíveis os passeios mais curtos e mais freqüentes. Controle sempre a quantidade de exercício. Os dálmatas parecem esquecer que estão ficando velhos e continuam querendo fazer o mesmo que faziam quando novos. Não deixe seu cão se cansar demais.

Eutanásia

Pode chegar uma época, depois de muitos anos de feliz convivência, em que a qualidade de vida não é mais a que deveria ser. Talvez seja o momento de você ajudá-lo a morrer. Faça isso de preferência em casa, na sua própria cama, com você ao lado. Este será um último gesto de carinho, e você deve isso ao cão que amou você e sua família em todas as situações da vida. Por mais doloroso que possa ser para você, não o deixe sofrer.

O enforcador é útil, mas só deve ser utilizado em sessões de treinamento e quando o seu cão estiver passeando. Coloque-o, com a corrente passando pela parte superior do anel, para que se solte facilmente.

Capítulo cinco
Treinando seu dálmata

As primeiras lições

O treinamento deve começar no momento em que você chega em casa com o filhote. Não deve ter um caráter formal, mas ser um estímulo para que ele faça aquilo que você quer, falando com firmeza e premiando-o quando ele corresponder. À medida que as semanas se passam e seu dálmata se acomoda no novo lar, o treinamento pode ir se tornando um pouco mais formal.

No entanto, leve em conta que cada passo no treinamento pode demorar semanas ou até meses, até que o filhote aprenda realmente. *Não tente apressar o treinamento.* Faça-o lentamente, dedicando-lhe só alguns minutos a cada dia. Se você quiser avançar demais, o filhote perderá o interesse e se cansará da idéia de agradar. Você tem de ser o chefe e não o contrário, ou você nunca desfrutará da relação com o cão.

Espera-se que o filhote já esteja acostumado ao som de seu próprio nome quando você o trouxer para casa (veja o Capítulo três: Cuidando do seu filhote), mas é essencial que você utilize o nome freqüentemente quando falar com ele nos primeiros dias, para que ele o grave.

Treinar envolve tanto o treinamento para Obediência, como aprender a viver em harmonia com seu cão. Você tem de ensinar ao seu filhote o que considera um comportamento aceitável e não-aceitável.

Ensinando bons modos

O filhote vai crescer e ser um adulto de grande porte, e um comportamento simpático com oito semanas pode ser totalmente inaceitável com oito meses. Sei que o conceito "aceitável" é relativo, mas os seguintes problemas de comportamento surgiram tanto com os meus dálmatas como com outros que conheci. Os maus hábitos devem ser eliminados logo, e espero que você ache úteis algumas destas sugestões.

MORDENDO
Todos os filhotes brincarão de morder. Seu filhote morderá suas mãos ou qualquer coisa ao alcance de sua boca. Isso é perfeitamente natural; é uma continuação do jogo com seus irmãos de ninhada, quando estavam escolhendo

quem era o "chefe". Você deve suspender o jogo de morder o quanto antes, principalmente se tiver crianças pequenas. Quando o filhote começar a morder, diga "Não" com voz bem firme. Se ele continuar, dê um tapa no nariz com um ou dois dedos e logo ele entenderá. Não permita que as crianças mais velhas aticem o filhote novo, porque isso pode levá-lo a brincar de morder.

Roendo
Os móveis e outros objetos domésticos costumam ser roídos principalmente na troca de dentes. Os pés da cadeira são muito atraentes para um filhote, hábito que deve ser eliminado logo: um adulto pode causar danos terríveis. Se surpreender seu filhote roendo, diga "não", e se isso não funcionar, acompanhe o "não" com um tapa no nariz. Não adianta brigar **depois** de ele ter roído algo: ele não vai entender.

Subindo nas poltronas
Os dálmatas adoram o conforto, e o melhor sofá ou sua própria cama podem ser muito tentadores. Alguns donos não ligam, mas, se você não gosta, seja firme logo no início. O filhote fará "tentativas". Se você estiver sentado na cadeira, ele colocará a cabeça no seu joelho ou o nariz na sua mão, depois uma pata irá descansar sobre seu joelho, depois as duas, seguidas suavemente por uma pata traseira e depois a outra. Antes de você perceber, o dálmata estará sentado no seu colo e o agradecimento dele será uma lambida no seu nariz.

Assim fica difícil ser severo com ele, e você pode ceder. Mas leve em consideração que ele está crescendo e logo ocupará a melhor parte do quarto e, quando estiver mudando o pêlo, cobrirá todas as cadeiras com uma camada de pêlo branco. Mesmo que você não se importe, acha que as suas visitas vão gostar? Se não quiser brigar com seu cão, deixe para ele uma cadeira velha coberta com uma capa fácil de lavar.

Permitir que seu filhote durma na sua cama pode ser um desastre. Além do problema do pêlo, mesmo uma cama de casal gigante será pequena para um dálmata e uma pessoa. Podem também surgir problemas se ele ficar com ciúme de quem compartilhar a cama de seu patrão. Se quiser que o cão durma no quarto, com você, é melhor que ele tenha sua própria cama.

Comportamento anti-social
Os filhotes machos novos às vezes montam nos irmãos de ninhada. Isso está relacionado ao instinto de determinar sua posição — na vida selvagem somente o macho dominante da ninhada acasalaria com as fêmeas. Ocasionalmente esse instinto pode persistir mesmo que não existam outros filhotes por perto e o cão pode "atacar" uma almofada ou cobertor. Interrompa-o com um "não" bem firme. Se não o fizer se tornará um problema, especialmente se em vez de uma almofada, ele escolher sua perna, a perna de uma visita ou, pior ainda, a de

uma criança pequena. Os dálmatas não são normalmente muito "sensuais" — esse comportamento é excepcional.

Pedindo comida
A maioria dos dálmatas adora sua comida, mas para conservar sua linha, ensine-o a permanecer na cama dele ou em outro lugar adequado quando você almoçar. Não se deixe seduzir pelo olhar suplicante dele.

A quem pertence
É importante ensinar o filhote a lhe entregar objetos. Comece logo que ele chegar a sua casa, fazendo-o entender que nada *pertence* a ele. Quando ele estiver brincando com um brinquedo ou comendo seu próprio alimento, retire-os dele. Se ele se opuser, diga "não" com voz firme; mas se ele lhe entregar o objeto sem qualquer reclamação, elogie-o bastante. Retenha o brinquedo durante alguns segundos antes de devolvê-lo.

Nunca permita que as crianças, ou qualquer outra pessoa, molestem os filhotes tirando coisas deles. Isso pode torná-lo muito possessivo.

Pulando
Um dálmata normalmente o cumprimentará de modo impetuoso. Isso faz parte do seu encanto, mas é melhor ensiná-lo a não pular nessas ocasiões: as patas sujas de lama na sua roupa ou na roupa de suas visitas não costumam ser convenientes... Para acabar com este mau hábito, agache para cumprimentar o filhote. Depois, quando acariciá-lo, faça uma pequena pressão para garantir que seus pés se mantenham no chão. Dê-lhe muito carinho, mas diga "não" firmemente se tentar pular.

Recompensas
Durante as primeiras semanas de treinamento, prefiro recompensá-lo só com elogio.

Eu descobri que as iscas (os dálmatas adoram comida!) são ideais, no treinamento formal, mas dê pequenas quantidades. É a *intenção* o que vale; seu filhote não necessita de *muita* comida: só precisa sentir que está recebendo algo especial.

Minha recompensa predileta são pedaços de fígado — muito fáceis de preparar. Corte e ferva o fígado, até deixá-lo cozido. Esfrie-o e corte em pequenos pedaços ou em cubos. Espalhe os pedaços em uma grelha ou no forno, até ficarem secos e torrados. Podem ser conservados tanto na geladeira como no congelador.

Também podem ser utilizados pequenos pedaços de frango, salsicha ou queijo; é questão de encontrar algo que seja acertado para o seu cão, e mantê-lo como prêmio especial.

Quando você começar o treinamento formal, verá que recompensas em forma de alimento são de grande ajuda. Este dálmata está aprendendo a se sentar, respondendo à pressão no dorso, sendo premiado com uma guloseima.

Quando seu cão responder bem à ordem de Sentar, você poderá passar ao exercício de Deitar. Este dálmata está respondendo ao comando, sem necessidade de puxar para baixo sua coleira.

O "Fica" deve ser aprendido gradualmente. Não deixe seu cão longe até ter certeza de que ele entende o que lhe pedem.

Treinamento básico

Existem alguns comandos básicos que devem ser ensinados a qualquer cão, independentemente de você querer se envolver com treinamento formal de Obediência. Seu cão deve aprender a responder aos comandos: "vem", "senta", "deita", "fica" e "junto" para que esteja sob controle em qualquer situação.

É importante que todos na família utilizem as mesmas palavras e não as mudem, pois isso confundiria o filhote.

Procure um momento tranqüilo todos os dias para as suas sessões de treinamento, quando não houver outros animais ou pessoas por perto, para evitar que o filhote se distraia. O melhor momento não será logo que ele despertar, porque estará cheio de energia e não parará um instante. Permita-lhe um pequeno período de brincadeiras para que fique receptivo ao treinamento.

"Vem"

A concentração de um filhote pequeno é muito limitada. O treinamento formal só poderá durar alguns minutos cada dia, mas outros aspectos do treinamento elementar podem ser incorporados na vida cotidiana de uma forma mais tranqüila. Comece encorajando o filhote a vir até você. Premie-o com muitos elogios. Para o filhote não será mais do que uma brincadeira, mas de fato é um treinamento básico.

Anime o filhote a chegar até você de uma distância cada vez maior, chamando-o pelo nome e dando o comando "vem" quando ele estiver longe da sua vista, e sempre o elogiando muito quando chegar. No início, será uma questão de sorte se ele vier, porque realmente ele não entende o que você quer. Mas logo ele fará a associação.

"Senta"

Comece a usar o comando "senta" cada vez que você vir que seu filhote vai se sentar espontaneamente: assim ele se acostumará com o som da palavra. Após vários dias, ajoelhe-se com o seu cão parado na sua frente, tendo a cabeça do lado de seu joelho esquerdo e a cauda do direito. Coloque sua mão esquerda diante do peito do filhote para evitar que ele vá para a frente, coloque a sua mão direita na parte posterior de suas costas, próximo da cauda, e aplique com suavidade uma pressão para baixo, dizendo "senta" à medida que o filhote coloca a parte posterior no assoalho. Repita isso duas ou três vezes, lembrando-se de elogiá-lo quando ele se sentar.

Quando o filhote tiver uma idéia clara do que você quer que ele faça, dê o comando "senta" ao oferecer comida. Suspenda o prato um pouco acima do nariz dele, pressione suavemente suas costas com a mão direita dizendo "senta" como antes. Quando ele se sentar, coloque o prato no chão e deixe-o comer. O filhote perceberá logo que necessitará se sentar para conseguir sua comida.

O próximo passo será você fazer com que seu filhote se sente em outras situações. Elogie-o muito sempre que ele fizer o que você pedir. O elogio é a coisa mais importante para seu filhote, porque ele quer instintivamente agradá-lo.

"FICA"

Quando seu filhote tiver aprendido a se sentar, sem que você tenha de pressioná-lo até a posição, você poderá ampliar o treinamento para incluir o "fica". Você deve iniciar a rotina do "fica" quando estiver dando comida a ele. Em vez de colocar imediatamente o prato no chão quando ele se sentar, fique durante alguns segundos dizendo "fiiica", antes de colocar o alimento diante dele. Lentamente aumente o tempo até que ele perceba que "fica" é um comando.

Se seu filhote começar a se levantar em vez de ficar sentado, diga-lhe que "não", e suavemente pressione sua garupa de novo, até a posição do "senta".

Para ensinar esses comandos à distância, faça-o se sentar aos seus pés olhando para você e diga "fiiica". Lentamente dê um passo para trás, e se o filhote tentar segui-lo diga "não", e comece de novo. Quando o filhote ficar, elogie-o. Aumente aos poucos o treinamento, afastando-se cada vez mais, mas deixando-o sempre onde ele possa vê-lo, e onde você o veja. Gradualmente, deixe o filhote na posição de "senta" ou "fica" durante períodos mais longos, embora nesse estágio dois minutos de cada vez é o suficiente.

"DEITA"

Ensine o "deita" quando o filhote estiver obedecendo ao "senta". Quando estiver sentado, agarre a coleira pela parte inferior do pescoço e, com a outra mão na sua garupa, suavemente puxe a coleira para baixo até o chão com o comando "deita".

Assim como com o "senta", repita o exercício duas ou três vezes em cada sessão, retirando aos poucos a mão da garupa.

Deitar é uma posição natural para um cão, portanto, com pouca persuasão o filhote aceitará o comando "deita".

"JUNTO"

O treinamento com a guia é totalmente diferente dos demais exercícios, mas é igualmente importante se você quiser conviver bem com um dálmata. Um dálmata adulto pode pesar até 35 quilos e, se esse peso não estiver adequadamente controlado quando estiver com a guia, você terá dificuldades em levar seu cão para passear. Ele é que levará você...

O primeiro passo é adquirir a coleira e a guia certas. No início, compre uma coleira para filhotes, e eu recomendo o tipo macio de náilon trançado em vez de uma coleira de couro, que costuma ser mais rígida e irrita o animal. Junto com a coleira, compre uma guia leve.

Assim que o filhote tiver se adaptado à rotina da família, faça-o acostumar-se à coleira. Não a coloque muito apertada, deixando dois dedos entre a coleira

Desenvolver a concentração é muito importante quando você treinar o seu cão; este dálmata está se comportando impecavelmente, pondo toda a sua atenção em seu dono.

Para o dia a dia é essencial que ele aprenda a caminhar a seu lado, e não somente para a obediência em exposição.

A Agility é uma atividade cada vez mais popular, e o dálmata atlético não tem dificuldade para pular os obstáculos.

e o pescoço. Se o filhote tentar tirar a coleira, diga "não" sempre que o vir fazendo isso.

Quando tiver aceito a coleira, prenda a guia nela e deixe-o andar arrastando-a. Diga "não" se tentar mastigá-la. Fique de olho no filhote quando ele estiver com a guia, para ter certeza de que ele não vai ficar enroscado nos móveis.

Quando a guia e a coleira não molestarem mais o filhote, erga a guia do chão mantendo-a na sua mão, e chame o filhote até você falando com ele e ao mesmo tempo estimulando-o. Neste estágio, o filhote poderá reclamar bastante por usar a guia, puxando-a, se afastando de você e tentando tirar a coleira. Se ele fizer isso, traga-o suavemente até você com a guia, falando serenamente com ele, tranqüilizando-o e, quando chegar aos seus pés, não esqueça de elogiá-lo, mesmo que você tenha feito todo o trabalho.

Continue nesse exercício até que ele venha espontaneamente. Quando chegar até você, comece a andar para trás forçando-o a caminhar com a guia. Faça-lhe muitos elogios e afagos. Seu filhote ocasionalmente poderá tentar puxar em vez de andar no seu ritmo. Se isso acontecer, fique quieto, diga "não" e faça-o vir até você antes de continuar o "passeio".

Depois que o seu filhote o seguir, estando você de frente para ele, o próximo passo é se virar e se afastar dele, para que ele o siga. Se o filhote estiver relutante, dê-lhe um rápido puxão na guia, não demasiado forte, e continue estimulando-o. Pode levar vários dias o aprendizado com a guia, pois muitos cães não gostam da restrição e da falta de liberdade.

A primeira parte do treinamento com a guia é feito em casa, enquanto o filhote não tiver concluído o programa de vacinação. Depois, quando estiver pronto para sair, já terá dominado uma boa parte do treinamento básico.

No início, o filhote puxará em todas as direções. Com o passar do tempo, vá encurtando a guia na sua mão — habitue o cão a caminhar no seu lado esquerdo —, até que o filhote ande com a cabeça erguida e alinhada à sua perna. Quando você começar a ter o filhote nessa posição, diga o comando "junto" com voz muito firme.

Se seu filhote começar a correr na frente puxando a guia, você deverá dar um rápido puxão para trás, dizendo "junto" com muita firmeza. Outra possibilidade é dar rapidamente um giro para a direita, o que fará com que o filhote venha atrás de você na posição "junto" de novo. Certifique-se de dar o comando "junto" quando ele voltar à posição certa.

Quando levar o filhote para passear, é essencial que você comande, e não ele. Obrigue-o a andar ao seu lado, e não o deixe ficar puxando. Alguns donos utilizam uma coleira tipo enforcador. Não existe perigo de machucá-lo se a corrente estiver adequadamente colocada, com o anel correndo livremente pela corrente, de forma a afrouxá-la quando cessar a pressão. Um cão não deve utilizar constantemente a coleira tipo enforcador; é uma ajuda no treinamento, e deverá ser utilizada somente durante as sessões de treinamento ou quando você passeia com o cão.

Saindo a passeio

Induza o filhote a se aliviar no seu jardim antes de sair a passeio, ou quando voltar. Durante o passeio leve sempre uma sacola de plástico e uma pá para recolher a sujeira que ele fizer.

Quando adultos, os cães, mais do que as cadelas, gostam de "marcar" seu território, e o farão urinando em vários lugares durante o passeio, como postes de iluminação, árvores, paredes, especialmente se outro cão já deixou a sua "marca". Permita-lhe que cheire e marque alguns lugares, sem exagerar.

Se o passeio for em área residencial, incorpore alguns exercícios de treinamento, como ensiná-lo a sentar-se.

O passeio sem a guia

Mesmo sendo muito bem comportado, o dálmata, filhote ou adulto, nunca deve ser exercitado sem a guia em áreas com tráfego.

Qualquer cão pode se comportar de um modo imprevisível, e bastarão poucos segundos para acontecer um acidente. Talvez existam parques ou campos na sua região, onde possa exercitar o cão sem a guia. Não há nada mais delicioso do que ver um dálmata correndo a toda velocidade, mas cuidado para não exercitá-lo em áreas de jogos de crianças, em campos de esporte restritos, ou em áreas proibidas para cães.

Quando levar o filhote ao parque pela primeira vez, não o deixe imediatamente sem a guia. Exercite-o com a guia para que ele conheça alguns cheiros e marcas, mas inteiramente sob o seu controle. Ande sempre na mesma direção, percorrendo o mesmo caminho. Leve algumas das guloseimas favoritas do cão e dê-lhe um pedaço de vez em quando para que saiba que estão no seu bolso.

Depois de alguns desses passeios, o cão poderá andar solto. Possivelmente você não terá nada com o que se preocupar.

Continue seu trajeto dando ao cão guloseimas de vez em quando, e depois solte a guia e deixe-o solto, preferivelmente onde não houver outros cães que possam distraí-lo. Continue percorrendo a sua rota habitual e chame-o de vez em quando, elogiando-o muito e dando-lhe alguma isca quando obedecer. Quase no final do passeio habitual, chame-o até você e prenda-o de novo na guia, sem esquecer de elogiá-lo e dar-lhe iscas, e depois siga para casa como sempre. Educar um filhote a voltar desta maneira dá melhores resultados, pois dificilmente os dálmatas recusam as iscas.

O dálmata versátil

Agility

A raça se adapta facilmente a diversos modos de vida, e você poderá ter outros passatempos com ele, como participar de concursos de *Agility* e Obediência.

> Não permita que seu dálmata faça exercício sem a guia até ter certeza de que ele voltará para você.

O primeiro, *Agility,* é o mais adequado para a raça. A tendência natural para a diversão, combinada com rapidez e agilidade, garantem ao dálmata uma boa adaptação a essa disciplina.

As aulas de *Agility* estão se tornando mais populares: pesquise se existe alguma no lugar onde você mora. É importante que todo o treinamento em *Agility* seja supervisionado por professores qualificados, e que o equipamento utilizado seja seguro e do tipo correto. Não comece o trabalho de *Agility* antes de o dálmata estar totalmente crescido, com uns 12 meses de idade.

OBEDIÊNCIA

As competições de Obediência são mais difíceis para um dálmata, porque a raça não costuma aceitar a rígida disciplina do trabalho de Obediência. É necessário muito tempo e paciência. É essencial inscrevê-lo em um clube de treinamento, preferivelmente com um instrutor que conheça o temperamento do dálmata.

CÃES PARA TERAPIA

Devido à sua afeição natural pelas pessoas, muitos dálmatas se tornaram cães de terapia. São cães adultos com comportamento e temperamento de alto nível, e cujos donos se oferecem como voluntários com seus cães para ficar em hospitais ou casas de repouso. Normalmente, aos residentes dessas casas não é permitido ter animais de estimação, e o contato regular com os animais parece ajudar na reabilitação.

Capítulo seis

A exposição

Antes de adquirir um filhote, é importante decidir se quer participar de exposições. Essa atividade costuma ser uma boa diversão e um modo de conhecer pessoas com interesses comuns. Mas também toma muito tempo, é caro e é vicioso. Se você se contaminar com o vírus das exposições, ele poderá controlar a maior parte de sua vida e, antes de você perceber, terá uma casa cheia de dálmatas e uma vida cheia de novos amigos.

O mundo das exposições de cães poderá lhe parecer muito complicado, mas logo ficará fácil entender. Todas as exposições são organizadas por clubes, e não por pessoas, e cada clube é filiado ao kennel clube do país. Todas as exposições se realizam seguindo as regras do kennel clube, e com a sua permissão.

Cada país divide as diferentes raças em grupos. Por exemplo, as raças de caça incluem os setters, spaniels e retrievers; as raças toy incluem o pequinês e o yorkshire terrier, mas os grupos podem mudar, e de fato mudam, de país para país, de acordo com a quantidade, nome e raças incluídas. O dálmata é membro do grupo utilidade no Reino Unido, mas é membro do grupo *non-sporting* nos Estados Unidos.

O dálmata de exposição

Há um padrão escrito para cada raça, que são as especificações de como ela deve ser em questão de aspecto e de temperamento. O padrão muda de um país para outro, mas, em uma raça como o dálmata, não existem grandes diferenças.

O dálmata deve ser uma raça moderada, sem pontos exagerados como o poodle ou afghan peludos, ou as raças com cara chata como o bulldog e o pug. Mas isso não significa que o dálmata não tenha pontos "especiais". São as manchas do dálmata que fazem com que seja uma raça única. Embora muitas raças tenham a sua cor de pelagem distintiva, como o kerry blue terrier, com o seu padrão de marcações, como o rottweiler ou o yorkshire terrier, nada é tão difícil de obter como as manchas de dálmata.

Quase todos os cães registrados em kennel clube podem ir a uma exposição, mas poucos serão condecorados. Se você tem pretensões de expor seu dálmata, informe ao criador antes de comprar o filhote para não desperdiçar um monte de dinheiro, tempo e esforço.

Padrão da CBKC

Se você quiser expor seu dálmata, conheça as exigências da CBKC que segue as normas da FCI (Fedération Cynologique Internationale).

APARÊNCIA GERAL: manchas numulares (pequenas e redondas) como traço característico. Bem proporcionado, forte, musculoso e ativo. Tem linhas harmoniosas, não é grosseiro, nem rústico.

CARACTERÍSTICAS: elegante, boa presença, podendo fazer prova de muita resistência e de movimentação ágil.

TEMPERAMENTO: social e amistoso. Atrevido e autoconfiante, corajoso sem ser agressivo.

CABEÇA: de comprimento moderado, crânio chato, de razoável largura entre as orelhas, bem modelado à frente das orelhas, guardando certa moderação. Stop moderado. Cabeça sem rugas. Focinho longo e poderoso, nunca afilado. Lábios secos, moderadamente ajustados aos maxilares. A trufa é preta, na variedade preto, e marrom, na variedade fígado.

OLHOS: de tamanho médio, moderadamente afastados, redondos, espertos e brilhantes; expressão inteligente; de cor escura nos cães de manchas pretas; tendendo ao âmbar nos de manchas fígado, o contorno dos olhos acompanha a cor da pelagem, preto, nos pretos, e marrom, nos de cor fígado.

ORELHAS: de inserção bem alta e de tamanho médio, bem largas na base, e diminuindo até a ponta arredondada.

MAXILARES: fortes, articulação em tesoura perfeita, regular e completa, isto é, os incisivos superiores ultrapassam, tocando, com a face posterior a face anterior dos incisivos inferiores.

PESCOÇO: de bom comprimento, graciosamente arqueado; elegante, diminuindo em direção à cabeça; sem barbelas.

ANTERIORES: ombros moderadamente inclinados, bem modelados e musculados. Cotovelos trabalhando bem ajustados, rente ao tórax e corretamente direcionados para a frente. Membros perfeitamente retos. Ossatura de seção redonda e forte até a pata, com uma leve curvatura na articulação do carpo.

TRONCO: o peito, moderadamente largo e profundo, cernelha bem marcada; dorso forte e reto; lombo forte, bem modelado, com flancos bem cintados, musculosos e levemente esgalgados.

POSTERIORES: roliços, musculatura bem modelada, pernas bem desenvolvidas, joelho bem angulado e jarretes bem desenhados.

PATAS: redondas, compactas, dedos bem arqueados (pés de gato), almofadas plantares redondas, duras e elásticas. Unhas brancas ou pretas nos cães de manchas pretas; brancas ou marrons nos cães de manchas fígado.

CAUDA: de comprimento próximo ao nível do jarrete, grossa na raiz, afinando gradualmente para a ponta. Jamais grosseira. Inserção média, portada com uma leve curva para cima sem jamais enrolar. Deve ter manchas arredondadas de preferência.

O treinamento para exposições começa em casa. Não permita que suas sessões de treinamento se tornem longas e entediantes demais, ou seu dálmata nunca aprenderá a desfrutar da exposição.

A exposição

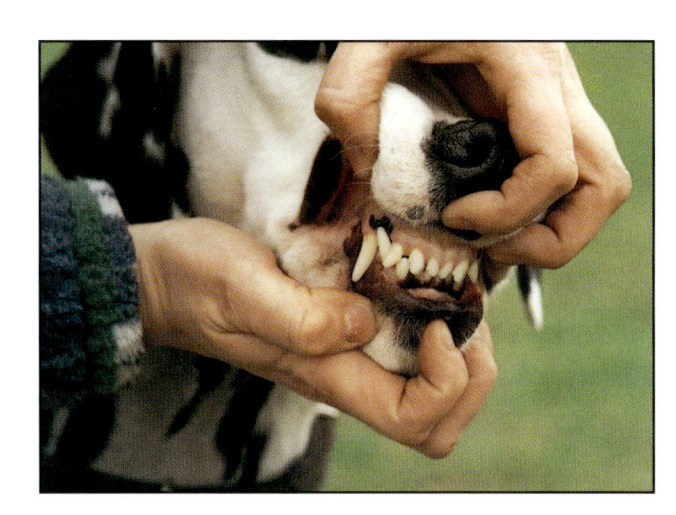

O cão para exposição deve se acostumar a ser examinado por um estranho, e isso inclui a boca, para ver se a mordedura é correta e a dentição completa.

Quando você se movimenta com seu dálmata na pista de exposição, o objetivo é mostrar um cão elegante com um movimento harmonioso.

Movimentação: é bem fluente com movimentos uniformes, poderosos, rítmicos e passadas longas. Visto por trás, os membros deslocam-se em planos paralelos, os posteriores fazem uma pista única com os anteriores. As passadas curtas e jarretes em foice são defeitos.

Pelagem: curta, dura e densa, de aspecto liso e brilhante.

Cor: a cor base é o branco puro. Os cães de manchas pretas têm numerosas manchas redondas como moedas, pequenas e pretas. Nos de manchas fígado, essas pequenas manchas redondas são de cor marrom-fígado. Essas manchas não podem misturar-se. São redondas e bem definidas do tamanho de uma moeda e o mais bem distribuídas possível. As manchas das extremidades devem ser menores do que as do tronco. As pelagens com placas de cor, tricolores e com pequenas manchas limão são proibidas. As nuances de bronze nas manchas numulares é um defeito do cão adulto.

Tamanho: harmonia geral é de suma importância, a altura, na cernelha, ideal é de 58,5 a 61 cm, para os machos, e 56 a 58,5 cm, para as fêmeas.

Faltas: qualquer desvio, dos termos deste padrão, deve ser considerado como falta e penalizado na exata proporção de sua gravidade.

Nota: os machos devem apresentar os dois testículos, bem visíveis e normais, totalmente descidos na bolsa escrotal.

Potencial para a exposição

Ninguém pode dizer que um filhote crescerá e se tornará um cão de exposição, mas é possível dizer que o potencial para ser um cão de exposição já está presente com 6 ou 8 semanas. Até o melhor filhote da ninhada pode não dar certo quando se torna adulto. Portanto, após eliminar todos os filhotes com as falhas mencionadas por não serem aptos para uma exposição, você terá de escolher entre o resto da ninhada. A melhor pessoa para aconselhar a sua escolha é um criador responsável, preferivelmente um que tenha bons resultados nas exposições. São necessários muitos anos e ninhadas para saber se um filhote tem probabilidades de chegar lá, e, mesmo assim, você nunca pode estar seguro.

Basicamente, você está procurando um cão que não somente lhe agrade, mas também à maioria das pessoas. Portanto, as manchas são o próximo requisito importante que deve observar. Lembre-se de que provavelmente aparecerão mais manchas durante os próximos meses, e que serão menores do que as atuais. Podem parecer como pequenas sombras debaixo do pêlo. Quanto mais tarde uma mancha se tornar visível, menor ela será. Se as pintas forem muito pequenas, se chamarão "ticks" e não manchas, e realmente não são desejáveis em um cão para exposição.

Um filhote que com 6 semanas tem muita mancha pode acabar ficando excessivamente manchado quando adulto. Mas vale a pena lembrar também que a beleza está no olho do dono, e o que atrai uma pessoa talvez não atraia as demais. Tente evitar filhotes com grande acúmulo de manchas em uma área, ou um filhote com excessivas linhas de manchas. Esse tipo de manchas pode alterar o aspecto de um cão adulto.

Um dálmata adulto deve ser um cão elegante, com andar harmonioso, o que é impossível de se prever no filhote, a menos que você seja um criador experiente. No momento da compra tudo o que você tem condições de saber é se o filhote é saudável e tem boa aparência.

Quando você comprar seu "filhote para a exposição'", saiba que, independentemente do que acontecer no futuro, ele ainda continuará sendo o seu cão. E não é culpa dele ou sua se não conseguir pontuação máxima na exposição; mesmo assim, ele continuará um grande companheiro.

A preparação para a exposição

Faça o mesmo treinamento básico que faria com qualquer filhote, mas permita-lhe conhecer muitos cães. Tente visitar exposições de dálmatas. É o melhor modo de saber o que se espera de você e do seu cão. As melhores exposições para serem visitadas são os clubes especializados de dálmatas ou as exposições gerais dos kennel clubes, porque nelas você verá um maior número de raças e encontrará muito mais pessoas.

Existem aulas de treinamentos para a pista de exposição, onde os expositores e os principiantes se encontram para socializar e treinar seus filhotes. Nessas aulas você aprenderá a conduzir seu filhote e, o que é mais importante, ele aprenderá a ser "conduzido" por outras pessoas, como o juiz.

É muito importante, quando você começar a exibir um filhote, que *ele* goste das exposições, especialmente quando está na pista. Enquanto é filhote, permita que ele brinque e faça o que quiser, até na pista, contanto que se sinta feliz; mas não permita que interfira com os demais durante a aula. Faça com que seu cão fique quieto tempo suficiente para que o juiz o veja, mesmo que só alguns segundos. Você não deve esperar que um dálmata de 6 meses fique parado como uma estátua.

É essencial evitar a armadilha de treinar seu filhote tão intensamente que fique entediado com todo o procedimento. O dálmata é considerado um cão feliz, o que significa que vai abanar a cauda, manter os olhos vivos e colocar as orelhas em alerta. Nenhum cão terá esse aspecto se estiver entediado. Haverá suficiente tempo entre as classes para menores de 12 meses, e seguinte (entre 1 e 2 anos) para que saiba que em casa pode brincar. Na exposição e na pista espera-se que ele trabalhe. Um dálmata bom e feliz dará tudo na pista.

Na pista

Todos os criadores têm seu próprio método de apresentar os melhores aspectos da raça para o juiz, e é normal que todos os expositores da raça utilizem o

Se você desenvolver um bom relacionamento com seu cão, isso trará vantagens para você quando ele concorrer na pista.

As manchas no dálmata são da maior importância na pista; você deverá considerar isso quando escolher um filhote com "potencial para exposições".

A exposição

À ESQUERDA: Um bom treinamento compensa, e este dálmata está se apresentando perfeitamente.

ABAIXO: Utilize sempre uma guia fina para mostrar seu dálmata, e escolha uma cor que combine com ele.

mesmo método. No Reino Unido e em alguns outros países, os dálmatas são apresentados de pé e livres. Isso significa que a guia deve estar solta, com o cão olhando para você, ou em pé transversalmente a você, e o handler raramente tocará o cão. Em outros países, como nos Estados Unidos, o dálmata é "armado". Significa que o cão fica em pé transversalmente a você, mas a cabeça e a cauda são posicionadas pelo handler.

Quando apresentar seu cão, procure destacar os pontos positivos e nenhum negativo (não existe um dálmata perfeito). Em geral, as pessoas ficam muito nervosas ao expor seu cão. É uma sensação que quase nunca desaparece; até os criadores mais experientes ficam tensos. Evite passar a tensão ao cão.

Quando você entrar na pista, deverá voltar sua atenção em duas direções: em primeiro lugar para seu cão, e em segundo para o juiz. Você deve ficar com seu cão alinhado com os outros cães da mesma classe. Deixe para vocês espaço suficiente para ficarem confortavelmente. Não se aproxime demais dos outros. Controle seu cão para que não interfira com outro.

Os cães serão vistos um a um pelo juiz. Alguns juízes examinarão seu cão com as mãos. A sua função é garantir que seu cão se mantenha quieto para permitir a avaliação e não atrapalhar o juiz.

Tanto antes como depois do exame individual, o juiz lhe pedirá que movimente o seu cão. Ele vai avaliar os movimentos; portanto, deixe seu cão sempre entre o juiz e você. O juiz pode lhe pedir que se mova em linha reta para a frente e para trás, ou descrevendo um triângulo, ou um círculo. Pratique em casa todos os tipos de movimento. O objetivo é conseguir uma velocidade razoável, nem lenta demais nem galopante. Tente ensinar a ele esses exercícios com a guia solta e a cabeça erguida.

Depois de ter sido visto pelo juiz, volte para o seu lugar, mas continue atento a ele, e sempre que ele olhar na sua direção seu cão deverá estar na melhor posição possível. Quando o juiz fizer a avaliação final e chamar os vencedores para o centro da pista, fique com um olho no cão e outro no juiz, para ter certeza de não perder a chamada se for a sua vez. Não fique falando com os outros; fale com o seu cão.

Quando você estiver na exposição, receba a vitória ou a derrota com bom humor, pois os maus perdedores e vencedores não costumam ser muito populares. Lembre-se de que a exposição de cães é somente uma diversão, e o melhor cão, que é o seu, voltará para casa com você, qualquer que seja o resultado.

Fazendo o melhor pelo seu cão

Apresente o seu cão da melhor maneira possível. O cão, naturalmente, deverá estar em boas condições, com bons músculos e com o peso certo. Tudo isso deve ser conseguido com dieta e exercício normais. Estas dicas simples podem ser úteis:

1. O cão deve estar limpo e bem tratado. Isso não significa necessariamente um banho para cada apresentação. Uma lavagem superficial com um pano úmido deve ser suficiente para mantê-lo limpo. Os dentes devem estar limpos e as unhas curtas.
2. Utilize uma guia fina. Escolha uma cor que combine com o seu dálmata, e utilize essa guia somente na pista ou quando o treinar para a pista. Dessa maneira, o seu cão associará a guia à pista.
3. Use (você) uma roupa com aspecto simples e vistoso, e que realce o aspecto do cão. As cores lisas são as melhores, mas nunca use calça, saia ou vestido brancos na pista, pois fará com que seu cão pareça sujo. As roupas estampadas são alegres, mas é melhor não usá-las.
4. Administre bem o seu tempo até chegar à pista. Esteja pronto e alerta quando for entrar na pista, porque é muito fácil perder a classe quando não se está concentrado.
5. Lembre-se de que seu cão não compreende o que são as exposições. Ele está somente tentando lhe agradar, portanto não passe para ele o seu desapontamento.
6. Não exponha o cão a menos que ele esteja em boas condições e com bom aspecto. Um cão miserável, capenga e com um pêlo descuidado será penalizado pelo juiz, e lembrado por aqueles que o estarão julgando na próxima exibição.

Juízes

Existem dois tipos de juízes: os especialistas na raça, que geralmente criam e expõem (ou o fizeram no passado), e os especialistas não-criadores, que têm ou apresentam uma ou mais raças. O especialista deve obviamente conhecer os melhores aspectos da raça, enquanto aquele que não é especialista na raça, terá uma visão mais geral do cão. Os dois tipos de juízes estão lá para classificar os cães em ordem de preferência, conforme sua adequação ao padrão da raça.

Ao entrar em uma exposição, o que você estará fazendo é pedir a opinião do juiz sobre seu cão e em comparação com os demais de sua classe. Essa opinião pode mudar de um dia para outro, dependendo de muitas coisas. Os cães, como as pessoas, podem ter bons e maus dias.

O padreador que escolher deverá complementar a sua fêmea, e você deve verificar se não tem algum problema genético.

Capítulo sete
Criando dálmatas

Os dálmatas são, sem dúvida, os cães mais difíceis de criar no que se refere à produção de filhotes de máxima qualidade e que atendam aos padrões da raça. Sempre me disseram: "Se você tiver um único filhote para exposição em uma ninhada, estará com sorte. Dois filhotes em uma ninhada, é um milagre; mais do que isso é quase impossível!".

Portanto, a criação é um aspecto da vida do dono de um dálmata que nunca deve ser subestimada. Seu objetivo deve ser promover os interesses da raça, e não tentar fazer dinheiro.

Responsabilidades

MACHOS
1. É uma responsabilidade cruzar seu cão macho. Não use seu cão como padreador, a menos que seja um dálmata bom e típico, e sem problemas hereditários.

Sua fêmea deve estar em forma, ser saudável e uma típica representante da raça para poder procriar. Você deve levar em conta a cor se a sua dálmata tiver manchas fígado.

2. Não utilize seu cão como padreador se ele tiver um sinal, um olho azul, um só testículo ou se ele for surdo de um lado ou dos dois.
3. A menos que você pretenda dar ao seu macho a função habitual de padreador, eu sugiro que não o acasale. Um cão que nunca foi utilizado como padreador não se importará muito com esse aspecto de sua vida. Para ser padreador convém que o cão tenha sido confirmado como bom e típico da raça em exposições.
4. É importante conhecer o histórico do seu cão. Nenhum cão tem um pedigree perfeito, pois sempre existem problemas pouco visíveis. Portanto, evite acasalar seu cão com uma fêmea que tenha um histórico de problemas semelhantes.
5. Por melhor que pareça o seu cão, *nunca* o utilize como padreador se for agressivo ou nervoso, e *nunca* o deixe acasalar com uma fêmea de mau temperamento.

FÊMEAS

Criar uma ninhada a partir de sua fêmea é um trabalho difícil, toma tempo e no início é caro, pois existem muitas despesas antes de você conseguir vender os filhotes. Portanto, há muitas questões que devem ser consideradas antes de tomar essa decisão. As mais importantes são:
1. Por que quero criar uma ninhada?
2. Tenho recursos para ter filhotes e criá-los?
3. Tenho coragem de sacrificar filhotes da ninhada, se for necessário?

Se seu objetivo for só para fazer dinheiro, alerto-o a não o fazer. Há muitas chances de as coisas não correrem como você espera. As contas do veterinário poderão ser altíssimas e não haver filhotes para vender. A criação costuma ser uma aventura arriscada.

Supondo que você realmente queira ter uma ninhada de sua fêmea, deverá considerar se ela é suficientemente boa para criar. Não é necessário que uma fêmea seja de primeira linha, mas existem determinados "defeitos" que nunca devem estar presentes em uma fêmea para criação. Nunca faça criação de uma fêmea com os seguintes defeitos:
1. Temperamento agressivo ou nervoso.
2. Surdez total ou parcial.
3. Um sinal de cor compacta.
4. Qualquer problema hereditário.
5. Qualquer outra cor que não seja preta ou fígado.
6. É preferível também que você não crie a partir de uma fêmea de olhos azuis.

Uma consideração final é a necessidade de sacrificar filhotes. Existem ocasiões em que eles *deverão* ser sacrificados algumas vezes nas primeiras horas, outras 5 ou 6 semanas depois. Ninguém gosta de fazer isso, mas, com uma ninhada de dálmatas, pode ser necessário. Se não tem coragem para encarar isso (com o auxílio de seu veterinário, é claro), não deve pensar em criação.

A fêmea no cio

Se você ainda quiser fazer criação, encare-a como uma aventura de longo prazo e comece a analisar todas as conseqüências mesmo que sua fêmea seja ainda um filhote.

A freqüência de cio varia de fêmea para fêmea. Algumas podem ter seu primeiro cio com seis meses e continuar com um ciclo semestral, enquanto outras podem ter o primeiro cio aos 15 meses e ter um ciclo muito irregular. A média de idade para o primeiro cio é aproximadamente de 8 meses normalmente seguido de outro 8 ou 9 meses depois.

Quando seu filhote tiver 6 ou 7 meses de idade, observe se há mudanças na vulva (abertura pela qual a fêmea urina). Quando ela entrar no cio, a vulva se inchará e começará a secretar um líquido rosado. O cio dura aproximadamente 21 dias. A secreção se tornará mais intensa e com uma cor avermelhada e mais brilhante nos primeiros 7 ou 10 dias.

A maioria das fêmeas está pronta para acasalar no meio do cio (em média, entre o 10º e o 12º dia). É essencial não deixar um macho se aproximar da fêmea neste período, a menos que esteja planejado um acasalamento. Na última parte deste período, a vulva da fêmea voltará a seu tamanho normal, e a secreção diminuirá até acabar.

Antes do acasalamento da sua fêmea, certifique-se de que ela não esteja obesa e que não tenha infecção, incluindo alguma interna na vagina. Faça uma visita de rotina ao veterinário. Os dálmatas não devem ser acasalados até que tenham pelo menos 18 meses de idade, pois antes disso são imaturos para cuidar de uma ninhada.

Escolhendo um macho

Se você comprou seu filhote de um bom criador, ele poderá orientá-lo sobre o tipo de padreador ideal para sua fêmea. Será necessário encontrar um cão que complemente a fêmea, tanto pelo seu pedigree quanto pelo aspecto geral. Tente localizar um cão que neutralize algum defeito da cadela, e nunca um que tenha os mesmos defeitos que ela, porque isso se acentuaria nos filhotes.

Herança da cor

Você não *tem* de utilizar um cão com manchas da mesma cor que sua fêmea, mas deve levar em conta esse detalhe. A questão da cor nos dálmatas é muito complexa. Vão aqui apenas algumas considerações. As manchas pretas podem ser geradas por um gene dominante preto (BB) ou preto híbrido (Bb). As manchas de cor marrom-fígado são produzidas pelo gene puro recessivo (bb). Portanto:

1. Dois animais com manchas marrom-fígado gerarão todos os filhotes com manchas marrom-fígado.
2. Um animal com manchas pretas e outro com manchas marrom-fígado gerarão alguns filhotes marrom-fígado na ninhada.

Os filhotes de dálmata nascem brancos. Esta ninhada tem somente 2 dias.

Com 10 dias de idade, as manchas começam a aparecer, e os olhos começam a abrir.

ACIMA: As dálmatas são boas mães e cuidarão de todas as necessidades dos filhotes durante as duas primeiras semanas de vida.

À DIREITA: Com 4 semanas, os filhotes começam a mostrar personalidade individual.

3. Dois animais com manchas pretas gerarão normalmente filhotes com manchas pretas, e eventualmente algum com manchas marrom-fígado.

Um preto dominante (BB), o que somente poderá ser comprovado após muitos acasalamentos e filhotes, somente gerará filhotes de manchas pretas, independentemente de ter copulado com fêmea de manchas pretas ou marrom-fígado. Mas um preto "recessivo" (Bb) poderá gerar filhotes marrom-fígado se copular com uma fêmea marrom-fígado ou preta recessiva.

Quando você tiver escolhido o padreador, discuta e acerte com o proprietário os termos do acasalamento. A maioria dos padreadores comprovados (machos que já tiveram ninhadas) recebe uma remuneração no momento do acasalamento. Se o cão for virgem (não-comprovado), a remuneração às vezes não é paga até chegarem os filhotes.

O ACASALAMENTO

Logo que você observar que o cio chegou, contate o proprietário do padreador para confirmar o acerto. O procedimento normal é a fêmea ir até o macho. O veterinário poderá testar a fêmea para determinar quando está pronta para copular. Recomendo este teste, especialmente se o cão e a cadela vivem distantes um do outro e quem aceitou a sugestão constatou que o acasalamento foi rápido e fácil, e deu filhotes.

Mesmo que não queira fazer este teste, recomendo uma visita ao veterinário no início do cio, para garantir que a sua fêmea não tenha infecção vaginal que possa ser transmitida ao macho. No dia do acasalamento, mantenha a fêmea o mais tranqüila possível, certifique-se que ela evacuou antes de sair de casa.

Se a viagem for longa, deixe-a urinar antes de aproximá-la do padreador. Cada dono de padreador tem sua própria organização. Alguns precisarão de sua ajuda com a fêmea e outros não; todos terão a sua própria rotina.

Quando a fêmea for apresentada pela primeira vez ao cão, pode se mostrar agressiva, mas isso é perfeitamente normal. Se ela for apresentada para o acasalamento no dia correto, essa agressividade inicial aparente desaparecerá logo. Ela passará a deixar que o cão a corteje até que esteja pronta e com a cauda para um lado para que o cão a monte e acasale com ela.

Mesmo quando o acasalamento estiver concluído, o cão e a cadela continuarão ligados por algum tempo. Nesse ponto, o cão costuma desmontar e voltar a ficar em pé, cauda com cauda com a fêmea. Alguns cães desmontam com as patas dianteiras e ficam lado a lado com a fêmea. A união pode durar alguns minutos, ou muito mais tempo. Uniões de mais de uma hora podem ocorrer, mas o normal é de 10 a 20 minutos. Nesse período pode ser conveniente você segurar a cadela para que ela não tente fugir e eventualmente machucar o cão.

Criando dálmatas

A CADELA PRENHE

Após o acasalamento, mantenha a cadela separada de outros machos até concluir o cio, provavelmente após mais dez ou doze dias. As gestações normalmente duram cerca de nove semanas (63 dias).

Durante as primeiras semanas após o acasalamento, a fêmea não necessitará de ração adicional ou de um tratamento mais cuidadoso, e a vida continua normalmente. Para confirmar se a cadela está prenhe, peça ao veterinário para examiná-la. Ele poderá identificar os sintomas quatro semanas e meia ou cinco após o acasalamento, embora o diagnóstico não seja totalmente seguro. Pode-se também fazer ultra-som com aproximadamente seis semanas, para detectar a gravidez e se os filhotes estarão visíveis na tela.

Se a cadela estiver prenhe, aumente um pouco a quantidade de alimento a partir da quinta semana. Aumente porcentagem de proteínas e não de carboidratos. Não a deixe engordar muito, principalmente ao redor do estômago e nas costelas; isso poderá prejudicá-la na hora do parto.

À medida que a cadela ficar maior e mais redonda, reduza os exercícios excessivamente cansativos, impeça-a de pular de lugares altos. Com cerca de sete semanas ficará muito pesada, especialmente se estiver carregando muitos filhotes. Necessitará apenas de um pouco mais de comida de melhor qualidade. Se ela ficar muito grande, dê-lhe várias refeições pequenas em vez de uma ou duas grandes, que a fariam se sentir desconfortável.

Antes de acasalá-la, planeje o lugar em que a cadela terá os filhotes, mas ela só ocupará esse espaço uma semana antes de os filhotes nascerem. Esse lugar deve ter pelo menos um metro por um metro, ser seco, sem correntes de ar e com uma temperatura de uns 24°C. Você também necessitará de espaço para quando os filhotes tiverem 4 ou 5 semanas de idade.

O parto

INÍCIO DO TRABALHO DE PARTO

Aproximadamente sete ou dez dias antes da data prevista para o nascimento, tire a cadela de sua área habitual de dormir e leve-a para o lugar onde será o nascimento. Quando estiver mais próxima desta data, a temperatura de seu corpo começará a cair e provavelmente começará a rasgar tiras de papel e fazer um ninho na caixa. Estará inquieta, ficará em pé, dará voltas, refará o ninho antes de deitar de novo e pode começar a ofegar um pouco. A cadela pode passar muito tempo lambendo a área em volta da vulva, que estará dilatada, e isso a tornará mais macia. Ela pode nas últimas horas recusar a comida. Todos estes sinais são a primeira parte de seu trabalho de parto.

O NASCIMENTO

O próximo estágio do trabalho é quando a cadela começar a empurrar a barriga para baixo. Provavelmente ficará deitada ofegante entre as contrações e,

A ninhada de seis filhotes agora está totalmente desmamada. Com seis semanas, as manchas são claramente visíveis, e darão uma idéia do aspecto que terão quando chegarem a adultos.

Os filhotes começarão a brincar cada vez mais entre si e a explorar os arredores. Este é outro estágio importante no processo de criação.

quando a primeira começar, ela abraçará o seu quarto traseiro. Quando o filhote estiver a ponto de nascer, aparecerá saindo da vulva da cadela a bolsa em que ele se encontra; a bolsa irá para dentro e para fora uma ou duas vezes, até que a contração principal a expulse definitivamente. Provavelmente haverá também uma saída de fluido aquoso junto com o filhote e a bolsa, e o parto continuará.

Normalmente a cadela começará imediatamente a limpar o filhote rasgando a bolsa e retirando todos os restos e fluidos que expeliu, incluindo a placenta. Se a fêmea não mostrar intenção de limpar os filhotes, pois às vezes as mães de primeira viagem ficam assustadas e não sabem o que fazer, estimule-a a lamber o filhote. Se ela continuar recusando, esfregue vivamente o filhote com uma toalha. Não ligue se a mãe for rude com o filhote. O importante é fazê-lo respirar, esvaziando os fluidos de suas vias respiratórias.

Os outros filhotes podem chegar em intervalos regulares, talvez de 10, 20 ou mais minutos, cada um deles precedido de uma sessão de contrações e pressões, ou pode haver intervalos mais longos de até uma hora e meia entre a chegada dos filhotes. A cadela parecerá ter um pequeno descanso entre as contrações de cada nascimento. Mas, se estiver com contrações totais e fazendo muito esforço, durante uma hora, e o filhote não nascer, chame um veterinário. O filhote pode estar na posição errada ou haver outro problema que precisa de ajuda profissional. Não tente interferir você mesmo, pois poderá machucar a cadela.

O PÓS-PARTO

Depois do nascimento de todos os filhotes, e após ter lavado e limpado toda a família, a fêmea se deitará para um curto e bem merecido descanso. Nesse momento, ofereça-lhe leite quente com um pouco de glicose ou mel. Se o trabalho de parto for longo, ofereça uma bebida enquanto ela descansa entre um filhote e outro.

Leve a fêmea para fora para evacuar, embora algumas mães relutem; mas você deverá ser firme. Enquanto ela estiver fora da caixa, retire todos os papéis velhos e substitua-os por panos secos. Durante os primeiros dias, a fêmea não gostará de sair e deixar seus filhotes, mesmo que para comer ou beber. Você deverá ser muito firme e levá-la para fora em intervalos regulares para que evacue, e nessa ocasião limpe a caixa. A cadela continuará a ter secreções durante três semanas: será avermelhada e brilhante no início e aos poucos se tornará mais escura.

Descrevi em linhas gerais o desenrolar de um parto. Espero que sua cadela não tenha nenhum problema. No entanto, sugiro que leia mais sobre o assunto para ficar a par das dificuldades que podem surgir. O melhor mesmo é pedir a um criador experiente que acompanhe o parto com você.

Cuidados com a cadela e com os filhotes

ALIMENTAÇÃO

Depois que a cadela tiver descansado, provavelmente você terá de lhe dar uma refeição leve, como ovos mexidos ou pudim de arroz — as mães novas às vezes recusam a comida habitual. Se puder, ofereça-lhe uma dieta especialmente formulada para cadelas em lactação (cadelas que estão alimentando uma ninhada), que contenha todos os minerais, e seja rica em proteínas e bem balanceada para mantê-la com saúde enquanto produz uma boa quantidade de leite. Dê-lhe grandes quantidades de líquidos para beber, para poder manter a produção de leite.

A quantidade de alimento e de líquidos deverá ser aumentada aos poucos a partir do parto até aproximadamente três ou quatro semanas depois. A cadela poderá necessitar até três vezes a quantidade normal, principalmente se estiver alimentando uma ninhada grande. À medida que os filhotes começarem a ser desmamados, a ingestão de alimento e de líquidos da mãe será aos poucos reduzida e, quando os filhotes estiverem totalmente desmamados, aproximadamente com seis semanas, ela deverá voltar à dieta normal.

Durante as primeiras duas semanas basta você manter a caixa e seus ocupantes limpos. A cadela fará o resto, alimentando e limpando os filhotes. Com aproximadamente três semanas e meia, comece a apresentar outro alimento aos filhotes. Este é o início do desmame. Eu costumo começar esta fase dando uma pequena quantidade de carne de boi de boa qualidade, cozida e moída.

Pegue um a um os filhotes no colo e mostre-lhes um pequeno prato com carne fazendo com que a mistura encoste no focinho dele. A maioria dos filhotes começará a lamber rapidamente esta mistura, mas alguns podem necessitar um pouco de persuasão; de qualquer modo eles somente comerão uma quantidade muito pequena. Repita esse procedimento várias vezes por dia até que lambam a comida com facilidade. Os alimentos industrializados específicos para filhotes em desmame podem ser utilizados nesse período, seguindo as instruções do fabricante.

Quando os filhotes estiverem lambendo facilmente a comida, dois ou três dias depois, dê-lhes quantidades maiores de carne duas vezes por dia, de manhã e de tarde. Nesse período, introduza uma refeição de leite e cereais primeiro uma e depois duas vezes por dia, na hora do lanche e na hora de dormir. As refeições nesse momento podem ser dadas individualmente a cada filhote, ou em um ou dois pratos rasos comuns.

Planeje com o veterinário um tratamento contra verminose para a cadela e os filhotes, antes de acasalá-la. A mudança dos níveis hormonais de uma cadela prenhe aparentemente ativa os ovos adormecidos que geralmente estão nela, o que provoca verminose nos filhotes e na mãe. Todos os filhotes devem ser tratados contra vermes antes de serem vendidos.

Avaliando sua ninhada

Os recém-nascidos, antes de a mãe limpá-los e secá-los, apresentam manchas na pele que já dão uma noção de como ele será quando adulto — embora, às vezes, nem todas essas marcas da pele aparecerão no pêlo. Quando a cadela limpa os filhotes, essas marcas desaparecem deixando o filhote com um pêlo branco.

Se, após a cadela secar o filhote, aparecer uma área de cor compacta no pêlo, conhecida como *patch*, isso será muito negativo para um dálmata. Como isso é indesejável e um defeito hereditário, muitos criadores pedem ao veterinário para sacrificar os filhotes com sinais, especialmente quando a ninhada é grande. Se esses filhotes não forem sacrificados, deverão ser vendidos sem documentos e, quase com certeza, não serão destinados à criação.

As manchas definitivas começam a aparecer no pêlo aproximadamente com 8 ou 10 dias, uns poucos pêlos de cada vez. Cada dia trará uma mudança nos filhotes, cada dia eles ficarão diferentes. O pigmento da pele no nariz e bordas dos olhos às vezes pode estar presente já no nascimento. Ou pode aparecer paulatinamente sendo uma ou duas pequenas marcas no início, e depois preenchendo toda a área.

Quando os olhos dos filhotes se abrem pela primeira vez, todos parecerão ser azuis. Se for azul-escuro, mudará aos poucos para castanho. Normalmente, quanto mais escuro for o azul, mais escuro será o castanho. Mas, se a cor for celeste brilhante, então sempre será um olho azul. Às vezes um olho pode ser parcialmente azul e parcialmente castanho. Normalmente isso se conhece como manchado de azul.

Detectando a surdez

A surdez é um problema comum da raça, e qualquer criador responsável vai testar toda a ninhada para ver se algum filhote foi afetado. Os dálmatas podem ser surdos.

Todos os filhotes com surdez total ou unilateral devem ser sacrificados. Não devem ser mantidos, vendidos ou doados. Nunca poderão desfrutar de uma vida normal. Se um cão desses escapar, por exemplo, terá grandes chances de se envolver em um acidente.

Os filhotes surdos de um ouvido podem perfeitamente ser animais de estimação, mas nunca devem procriar. As pesquisas mostram que filhotes de pais com audição normal têm menos chance de apresentar surdez, mas filhos de pais parcial ou totalmente surdos terão mais probabilidade de nascerem com deficiência.

A venda dos filhotes

Quando os compradores potenciais aparecerem, faça-lhes todas aquelas perguntas que lhe foram feitas quando você se candidatou a comprador. A segurança, felicidade e bem-estar de sua ninhada está em suas mãos...

Os dálmatas são uma raça robusta e tranqüila e, tendo uma boa dieta e um bom exercício regulares, o seu cão terá poucos problemas de saúde.

Capítulo oito
Cuidados com a saúde

O dálmata é um cão robusto, com poucos problemas de saúde. Com uma dieta bem balanceada e exercícios regulares, deve ter vida longa com poucas visitas ao veterinário, além das de rotina para vacinação. Mas todos os donos responsáveis devem estar cientes das doenças e parasitoses caninas mais comuns para manter os seus cães nas melhores condições.

Cuidados gerais

ENJÔO E DIARRÉIA
Se o cão tiver evacuações líquidas ou vômito, não o alimente durante 24 horas; deixe-lhe água fervida e resfriada para beber e depois lhe dê uma refeição leve. Em muitos casos, isso deterá o problema.

PULGAS
Normalmente as pulgas ficam evidentes no dálmata, mas, mesmo que não veja nenhuma, faça rotineiramente tratamento antipulgas. Isto é muito importante nos meses de verão. As pulgas também se concentram nos tapetes e panos, sendo necessário lavar as cobertas do cão e tratar todos os lugares onde ele normalmente se deita. As pulgas são hospedeiras de larvas de outros parasitas, portanto devem ser eliminadas.

TIMPANISMO
Acontece ocasionalmente em cães de tamanho médio, logo após a alimentação. O estômago se enche rapidamente de gás, dilatando-se e às vezes também torcendo-se (torção gástrica). O cão sofre muito, a respiração fica difícil e pode ter ânsias de vômito. Esta é uma situação de emergência e deve-se procurar imediatamente a ajuda do veterinário, pois alguns segundos a mais podem ser fatais. Não tem uma causa definida, mas beber água em excesso após comida seca, exercício logo após a refeição, refeição abundante demais ou grande ingestão de ar ao comer (um animal que come com voracidade) podem contribuir.

VACINAÇÕES
As vacinações iniciais dos filhotes devem protegê-los por cerca de um ano. Um esquema de "reforço" deve ser discutido com o veterinário, pois algumas doenças são mais predominantes em algumas áreas; portanto o cão necessita de maior proteção. A maioria dos reforços é anual.

Vermes

Seu filhote deve ter sido cuidadosamente tratado contra os vermes quando você o comprou, mas uma mudança no ambiente pode trazer novamente o problema.
É melhor eliminar os vermes de seu filhote duas semanas após sua chegada, e de novo 10 dias mais tarde. Depois, uma rotina de tratamento a cada 6 meses deve mantê-lo relativamente livre de vermes. Peça a opinião do veterinário.
Existem três tipos comuns de verme.
Nematódeos: são os mais comuns, e a maioria dos filhotes tem vermes desse tipo. Parecem fio de espaguete branco de 5 a 8 cm de comprimento, e normalmente se encontram nas fezes.
Tênias: parecem grãos grandes de arroz, e normalmente se encontram no pêlo ao redor do ânus.
Ancilóstomos: este tipo de verme é comum em determinados países, e seu veterinário aconselhará o tratamento correto.
Há uma pequena probabilidade de as larvas de vermes infectarem os humanos, especialmente crianças, portanto é importante que os cães estejam livres de todo tipo de parasitas internos.

Quando consultar o veterinário

1. Se houver uma perda repentina de peso.
2. Se o cão estiver com vômitos ou com diarréia prolongados.
3. Se o cão recusar a comida durante mais de um dia.
4. Se houver um sangramento no pênis ou uma secreção da vulva (fora do cio).
5. Se tiver alguma claudicação que não desapareça em alguns dias.
6. Se estiver bebendo (excessivamente).
7. Se tiver algum tipo de sangramento na boca, especialmente se o hálito for muito forte.
8. Se houver alguma mudança muito marcante no comportamento.

Se você sentir que há algum problema, lembre-se sempre de que seu cão não leu livros médicos, e seus sintomas e reações podem não estar elencados nos livros.

Problemas hereditários

Câncer

Infelizmente, o câncer está sendo diagnosticado com muita freqüência na raça, e é uma tendência familiar. Tratamentos como a quimioterapia e a radioterapia estão se tornando cada vez mais comuns, mas às vezes a eutanásia é a única solução.

Displasia coxofemoral

Trata-se de uma deformidade na junta do fêmur. Pode levar a diferentes graus de claudicação e desconforto, dependendo do alcance da má formação. É hereditária, mas as circunstâncias ambientais também podem favorecer o defeito. É aconselhável que o filhote não carregue demasiado peso, não brinque sobre superfícies escorregadias e não corra subindo e descendo escadas enquanto estiver crescendo. Os ossos e juntas jovens são facilmente danificados.

ENTRÓPIO
Ao contrário de outras raças, os dálmatas não têm qualquer problema hereditário de olhos, embora possa ocorrer o entrópio, que é uma ou duas pálpebras voltadas para dentro. A irritação provocada pelos cílios nos olhos pode causar úlcera na córnea, e isso é muito doloroso. Se você observar que os olhos do seu dálmata lacrimejam, consulte o veterinário. Se for necessária uma cirurgia, ela será simples e com sucesso total.

PROBLEMAS DE PELE
Muitos dálmatas sofrem com problemas de pele, que costumam ser chamados de "erupção Dally". É uma inflamação na pele, seguida de formação de pústulas que costumam ter uma "cabeça branca", mas às vezes ficam como inchaços abaixo da pele. Posteriormente o pêlo costuma fica manchado nessa área. Às vezes, o pêlo pode ficar descolorido, e depois cair. Será necessária uma muda completa de pêlo para erradicar esse pêlo descolorido.

A causa desse problema costuma ser o ácaro demodex que vive no folículo piloso. Normalmente está presente em pequeno número e não causa problemas no sistema imunológico natural do cão. Mas, se o número crescer de repente, a "erupção Dally" surge porque o sistema imunológico não controlará mais a situação. Esse aumento repentino pode acontecer por muitas causas, entre elas estresse ou um pequeno arranhão ou corte na área. As épocas em que ocorre com mais freqüência são a primavera e o verão.

O ácaro é passado originalmente da mãe para o filhote, principalmente durante os primeiros dias. Os cães novos se livram desse problema com o crescimento, pois seu sistema imunológico amadurece, mas, se o ácaro aparecer de repente no cão adulto, pode ser difícil eliminá-lo, a menos que seja tratado rapidamente. A erupção costuma aparecer primeiro na cabeça, mas pode ser em outra parte.

Se a causa do repentino desequilíbrio for eliminada, podem-se prevenir problemas posteriores. A maioria dos tratamentos disponíveis somente cuida dessa doença e sua eliminação. Os ácaros podem ser muito difíceis de localizar, sendo necessária uma biópsia profunda na pele para obter resultados. Como o sistema imunológico do cão está inibido durante esses períodos, os esteróides não devem ser utilizados no tratamento.

Existe um risco pequeno de que o ácaro seja transmitido de cão para cão adulto, ou para os humanos; mas como a transmissão é da mãe para o filhote, não deixe a cadela cruzar quando tiver o problema.

Quando seu cão envelhecer, cuide para que ele desfrute com conforto de seus últimos anos.

Problemas renais e no trato urinário

Alguns dálmatas podem ter problemas desta natureza, por exemplo, criar "pedras nos rins" pela incapacidade de absorver corretamente as proteínas de sua dieta. Se o problema não for grave, pode ser controlado com uma dieta especial e bastante ingestão de líquidos. Se o cão apresentar dificuldades para urinar, ou se a urina tiver manchas de sangue, leve-o ao veterinário, com uma amostra desta urina. Os machos costumam ser mais afetados que as fêmeas.

Surdez

Os dálmatas são a raça com a porcentagem mais elevada de problemas de audição. Existem 37 raças com problemas de audição, e pesquisas mostraram que 25% dos filhotes de dálmata são afetados.

Conclusão

É difícil resumir a vida com um dálmata num livro. Em alguns momentos parecerá um trabalho difícil, especialmente quando você tiver de lidar com filhotes com maior personalidade, mas com um pouco de tempo, paciência e muito carinho, você será recompensado com um companheiro fiel durante muitos anos. O dálmata é uma raça muito carinhosa, alegre, com um aspecto elegante, e é uma grande aquisição para qualquer família.